「いい会社」とは何か

小野 泉＋古野庸一

講談社現代新書

2061

目次

序章　個と組織の関係がおかしい

何が原因なのか

個と組織の関係がおかしい。
原因は、個人側にあるのか、組織側にあるのか。
おそらく両方にある。しかも、双方が互いにダイナミックに影響を及ぼしている。

●経営側からのメッセージが伝わらない。一方で、現場からの情報も経営側へ伝わっていかない。

●ITインフラは整っているはずであるが、部署間でナレッジが共有されない。それどころか、隣に座っている人のナレッジも共有されない。

●一人ひとりに求められる専門性は急速に高まっている。そのため、隣のメンバーが何をやっているのかわからなくなっていて、手伝おうにも手伝えない。メンバー間でのコミュニケーションも希薄になり、組織力はかえって弱まっている。

●業績へのプレッシャーが高まり、自らプレイヤーとして働くミドルマネジャー。「見て覚えろ」と部下を罵倒するわけにもいかず、部下の能力を引き出すために、コーチングの手法でやさしく質問をする。それに付け加えて、個人情報管理、コンプライアンス遵守《じゅんしゅ》、メンタル不全の予防。会社でキーになるミドルマネジャーが火を噴いている。

●メンバーの評価も大変だ。まずメンバー間で納得がいく、不公平ではない、いい目標を設定しなければいけない。評価するためには、メンバーの動きを見ていなければならないが、メンバーの動きが見えない。職場のメンバー間のコミュニケーションはメール。顧客とのやり取りもメール。動きが見えない。そして、評価をしなければならない。動きが見えていないのに、評価できないし、評価されるほうも納得感が低い。

●そもそも昔の成功体験が役に立たない。インターネットの口コミサイトのおかげで、顧客はどんどん賢くなっている。売り手側の手の内はばれている。顧客の要望は、高度になり、多様化している。そして、時々、とんでもないクレームを言う顧客がいる。

●経営の方針は、毎年変わる。環境の変化が激しいので仕方ないが、右に行けと言い、次の年には左に行けと言う。文字通り、右往左往だ。

●職場には、正社員、契約社員、アルバイト、派遣社員、業務委託で働いている人とさまざまな雇用形態の人がいる。正社員も育児や介護のために短時間勤務の人も多い。価値観もさまざま。業績が良ければまだいいが、業績が悪くなり始めると、互いが互いの悪口、責任のなすりつけ合い。職場が崩壊している。

信頼感の低下

財団法人社会経済生産性本部（現・日本生産性本部）の調査によると、「会社の最高経営層に信頼感を持っている」という項目の支持率は、調査開始当初の一九八二年の五五％から二〇〇六年には三七％へ下降している（図0－1）。

個人と組織の間にある「信頼」は、重要な経営資源である。経営に対する信頼がなければ、経営側が決定したことに対するコミットや組織に対する貢献は低いものになってしまう。職場内での信頼がなくなっていけば、協力して何かを成し遂げようとしても、うまくことが運ばない状況が予想される。そういう意味で、個人と組織の間にある「信頼」関係は、企業にとっては競争優位性の源泉であり、個人にとっては仕事生活をするうえでの満足感、充実感につながるものである。

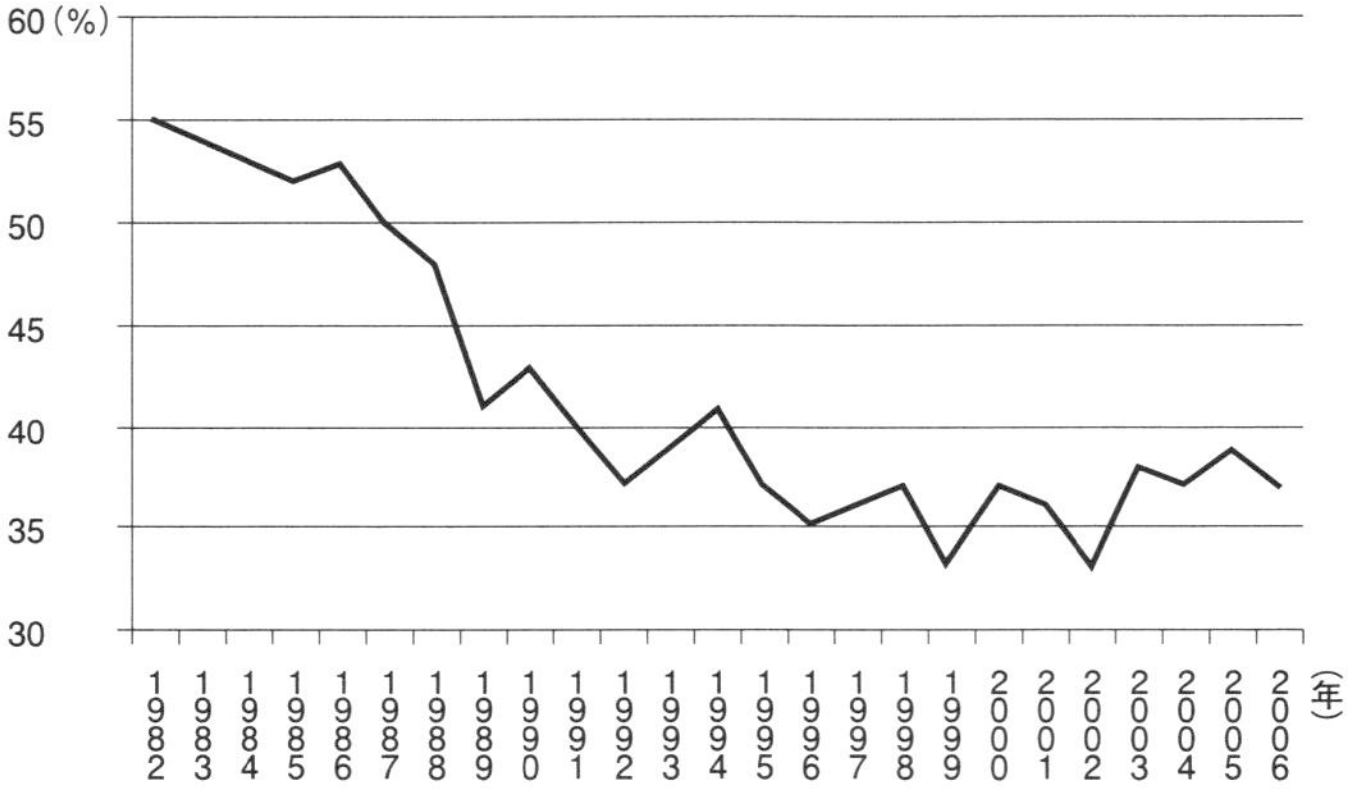

図0-1　会社の最高経営層に信頼感を持っている

出典：社会経済生産性本部2007年版『産業人メンタルヘルス白書』

リーダーシップの研究を行っているジェームズ・クーゼスとバリー・ポスナーは、過去一〇年以上にわたって、「自分が自ら喜んでついていくリーダーには、どんな条件があるのか」と三〇〇〇名を上回るマネジャーに問い続けた。そのコアは、「信頼」であった。

確信してきたことは、何よりも人々は信頼のできるリーダーを欲していることである。われわれはリーダーを信用したいのである。彼らの言葉は信頼でき、指導する知識と技術を持ち、われわれのむかっている方向について個人としても喜びを感じ、熱心さも感じることができる。だから信じたい。信頼感はリーダーシップの基礎なのである。

（『信頼のリーダーシップ』クーゼス／ポスナー）

まさに「信なくんば立たず」である。

『論語』の中の名句である。子貢が孔子に政治の要諦を問うたとき、孔子は、「食糧」を十分にし、「軍備」を配置し、「信頼」を得ることが大事だと説いた。この中で、やむをえず捨ててもいいものを重ねて問うたところ、最後に残ったのが、「信頼」であった。

経営にとって、「信頼」はそれほど大事なものである。しかし、一九八〇年代から現在に至るまで、下がり続けている。不気味である。

一方、企業で働く個人にとっても、「信頼感」がない会社で働き続けることは、いい状態ではない。「従業員の満足度」と「経営トップ層への信頼」との間には相関があることが示されている（『従業員満足度に影響する要因は何か?』福山亜紀子）。経営に対する信頼感が高ければ、従業員の満足度が上がる傾向にある。

逆に、信頼感が低ければ、満足度が下がる。満足感が下がるだけではなく、信頼していない人に従っているという行為は、自尊心を傷つける。いくら仕事でうまくいったとしても、信頼感が低い経営者のもとで働いていることは、自分をだましながら働いているとい

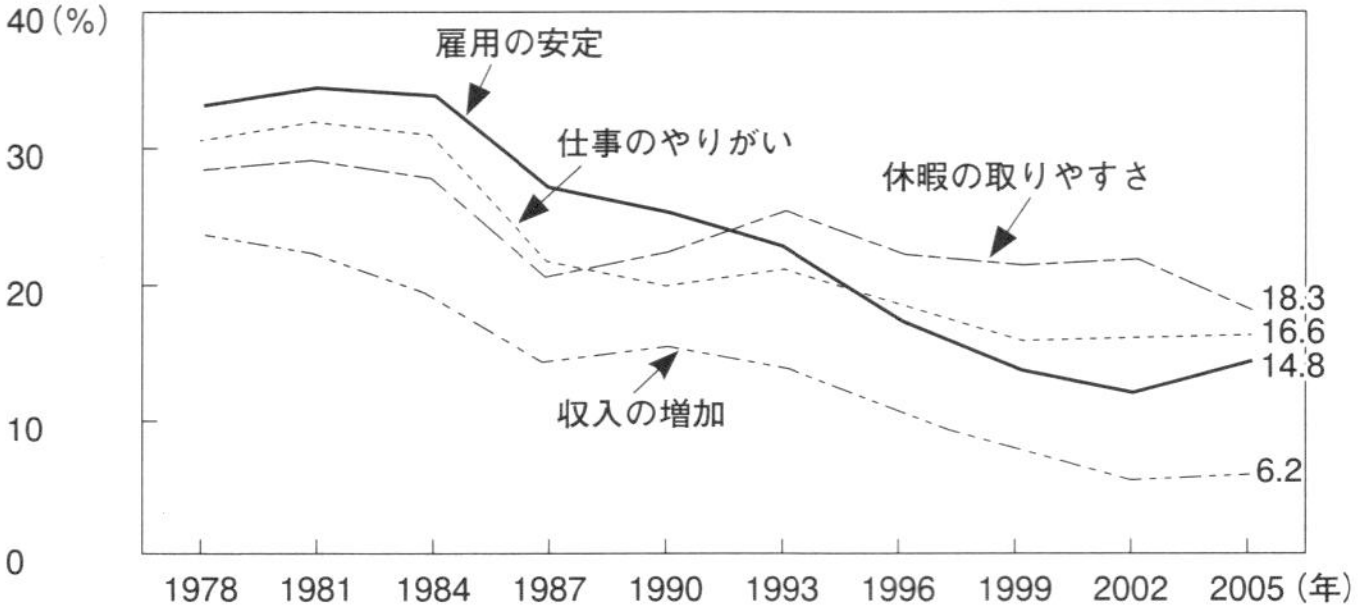

（注）1）グラフの％は、主要項目別にみた「十分満たされている」「かなり満たされている」とする者の合計の割合。
2）各項目の内容は以下の通り。「雇用の安定」：失業の不安がなく働けること、「仕事のやりがい」：やりがいのある仕事や自分に適した仕事があること、「休暇の取りやすさ」：年間を通じて休みを多く取れること、「収入の増加」：収入が年々確実に増えること。

図0-2　「仕事の満足度」の推移

出典：内閣府「国民生活選好度調査」

う感情を持つ。また、ソーシャル・キャピタル（社会関係資本）とも言える会社での信頼関係の喪失は、人々の不安やストレスを増幅させる。「心の病」が近年増え続けている要因とも重なってくる。

長期低落傾向にある「仕事のやりがい」

内閣府の「国民生活選好度調査」によると、「仕事のやりがい」が満たされている割合は一九八〇年代前半においては三〇％台であったが、二〇〇五年には一六・六％になっている（図0－2）。長期的に低下傾向が続いている。同様に、「雇用」「収入」に関する満足感も低下傾向にある。

「仕事のやりがい」の長期的低下傾向に

は、さまざまな要因が考えられる。

●日本経済全体が、高度成長期から低成長期、成熟期、停滞期へとステージが変わっていく中で、未来への希望が持てなくなってきた。実際、前向きだけではなく、後ろ向きの仕事も増えた。

●経済的に豊かになり、人々の欲求水準、願望水準が高まったことで、働くやりがい感が相対的に下がった。

●バブル経済崩壊以降に行ったリストラ、人事制度の変更、採算の合わない事業の売却、コンプライアンスをはじめとした管理強化で、会社と個人の間にあった「信頼感」が壊れ、「やりがい」を失わせていった。

●社会全体としての目標あるいは希望の喪失により、やりがいが低下した。

●非正規社員の増加が「仕事のやりがい」の低下傾向を促進させた。

複合的な要因であるが、事実として「仕事のやりがい」は長期低落傾向にある。働く人たちは、仕事や会社に求めすぎているのかもしれないが、はっきりと言えることは、それに対して、「会社が十分に応えられていない」ということである。

メンタル不全者の増加

社会経済生産性本部は、上場企業を対象として、企業のメンタルヘルスに関する取り組みの調査を行っている（二〇〇八年四月の調査では有効回答数二六九社）。二〇〇二年から二年ごとに同じ調査をした結果、企業内で心の病にかかる人の数が「増加傾向」にあると回答した企業は、二〇〇二年（四八・九％）から〇六年（六一・五％）にかけて、高くなる傾向にあったが、〇八年は五六・一％に減少した。増加傾向に歯止めがかかったともいえるが、半数以上の企業で心の病は相変わらず「増加傾向」にあり、抜本的な解決には至っていないと考えられる。

「仕事の量・質の高まり」に対して「個人のストレス耐性の低下」や「職場におけるつながりの低下」がその要因として考えられる。しかし、メンタル不全に陥った人たち一人ひとりの要因はさまざまである。職場が原因とみられる人もいるが、家族や友人・恋人関係が原因の人も相当数いることから、予防は簡単ではない。

雇用不安者は二人に一人

リクルートワークス研究所「ワーキングパーソン調査」（サンプル数六五〇〇名、二〇〇八年八月〜九月実施）によると、自分自身の雇用について「不安を持っている」人は一四％。「少し不安を持っている」まで含めると、約半数（四九・五％）の人が雇用に不安を持っている。正社員であってもその傾向は変わらず、雇用不安者は四七・五％もいる。

バブル崩壊以降の経営環境および経営の一連の施策が、「雇用不安者」を増大させたと考えられる。

一九九〇年代後半より経営が行ってきた改革は、「経営の効率化」という観点で評価に値する。世界標準から見ると十分とは思えなかった資本の効率性を高めていくことが、企業を守るための最優先課題になっていた。具体的には、採算性がない事業の整理をすること、敵対的買収から身を守ること、そして過剰と言われていた「設備」「雇用」「負債」への対処である。

一九九七年のアジア通貨危機後、日本経済は金詰まりを起こし、金融不況へ陥った。九九年、大手銀行に公的資金が注入され、金融危機は回避されたが、同時期に、日本的経営の抜本的な見直しが行われた。

その結果、米国型グローバル経営を範として、事業の選択と集中を行う企業が増えた。花王がフロッピーディスク事業から撤退し、伊藤忠商事が情報産業、生活消費、金融、資源開発の四事業に経営資源を集中し、その他の分野は撤退もしくは縮小を行ったのもこの時期であった。

人事制度の見直しを行い、リストラを実行し、総人件費の圧縮を行ってきた。「キャリア自律」という言葉も流行した。これは経営側から個人に対し「自分のキャリアは自分で考えてください」というメッセージだった。「企業も強くなるから、個人も強くなりなさい」というわけである。そのことで、個人と組織の間の距離が広がることを、むしろ良しとしてきた。

日本の企業は、人件費の圧縮と最高益の更新を行いながら、一方で、個人からの信頼感を取り戻せず、やりがいの低下にも歯止めをかけられず、メンタル不全者、雇用不安者を増加させ、組織の機能劣化を起こしてきた。

事の重大性に気づき、失われた信頼を再構築する取り組みを行う企業も、二〇〇〇年代の中盤から増えてきた。従業員の満足度に注意を払い、女性の働き方に気を使い、メンタル不全者を増やさない対策を練り、ワークライフバランスを充実させる施策も行ってきていた。

しかしまさに、そういう時に、二〇〇八年の世界金融不況が起こった。

一九八九年のベルリンの壁崩壊以降、資本主義に代わる枠組みは用意されていない。一方で、米国発金融不況により、米国型グローバル資本主義に依存する危うさを実感した。

そのことは、あらためて資本主義のあり方、日本型経営、個人と組織のあり方を考えなければならない時代になっていることを意味する。

「エコノミック・カンパニー」と「リバー・カンパニー」

アリー・デ・グースは、『企業生命力』の中で、二種類の企業を紹介している。「エコノミック・カンパニー」と「リバー・カンパニー」である。

「エコノミック・カンパニー」は純粋に「経済的な目的」のために運営され、最小限の資源で最大の効果を目指している、利益目的のための企業である。「リバー・カンパニー」は、河川のように、永続を目的として組織される。そのため、企業は、自らを「共同体」であると考える。信頼感のある組織と言える。利益は目的達成の手段である。

日本にも米国にも、「エコノミック・カンパニー」的な企業もあれば、「リバー・カンパニー」的な企業もある。また、一つの会社の中に、「エコノミック・カンパニー」的な要素もあれば、「リバー・カンパニー」的な要素もある。つまり、「エコノミック・カンパニー」的に効率よく稼いでいかなければ、企業を永続的に運営することはできない。一方で、効率よく稼ぐためには、個人と組織の間の一体感、信頼感がなければならない。個人が働きがいを持って働かなければ、業績を上げることができない。

企業は、「利益を追求する集団」であるとともに「信頼感のある共同体」であることを統合していかなければいけないとも言える。両者の統合ということを念頭に置きながら、「個人と組織の新しい関係」について模索し、「いい会社」とは何かということを探求することを、本書のねらいとする。

「いい会社」の定義は第三章で詳しく扱っているが、「財務」という観点、「長寿」という観点とともに、働く人にとっての「働きがい」という三つの観点から「いい会社」を見ている。

第一章　個と組織の関係の変遷

まず本章では、バブル経済以前からの企業の置かれた環境と、その時々に試みられた施策を振り返り、企業における個人と組織の関係がどのように変わっていったかを追っていき、「いい会社」の前提になる「個人と組織の間にあった信頼感」の長期低下傾向に関する要因を探っていく。

1　バブル経済以前（一九九一年以前）

日本的経営の三種の神器

一九五八年、ジェームス・アベグレンは、著書『日本の経営』の中で、日本型経営の特徴として、「終身雇用」「年功序列」「企業別組合」の存在を指摘した。時代は下り、七二年に労働事務次官の松永正男氏によって、その三つの特徴は、「日本的経営の三種の神器」と命名された。

「三種の神器」という言葉を聞いたことがないというビジネスパーソンは少ないと思うが、その存在に否定的な識者も少なくない。

しかし、大企業の男性正社員においては、「終身雇用」的、「年功序列」的な雇用慣習が、バブルが崩壊するまで存在していたのは確かだろう。それは、統計的にどうかというよりも、言葉の裏にある「思想」の問題である。「終身」は、アベグレンの『日本の経営』を訳した占部都美《うらべくによし》氏の意訳であるが、アベグレンが言いたかったのは、実際に「終身」であったかどうかというよりも、企業と個人の間に「終身」と呼べるほどの強い結びつきがあったということである。

二〇〇四年に刊行した『新・日本の経営』の中で、アベグレンは、「(日本的経営の)最大の柱は企業と従業員の間の社会契約であり、会社ではたらく人たち全員の経済的な安全を確保するために全員が協力するという約束である」と述べている。

内閣府大臣官房政府広報室の『男女共同参画社会に関する世論調査』によると、一九七九年時点において、「夫は外で働き、妻は家庭を守るべきである」という考え方について、「どちらかといえば賛成」まで含めれば、七二・五%が賛成であった。

つまり、「三種の神器」が特徴とされた時代において、男性は定年まで会社で働く一方で、女性は結婚あるいは出産を機に退職し、専業主婦になることが一般的であり、会社は男性社員が業務に専念できるようにするために、その配偶者の専業主婦としての立場も同時に保障していた。会社が男性社員を雇用するということは、その配偶者も含めて「家族ぐるみ」で面倒をみるということでもあった。

高度経済成長の担い手は、第二次産業にあたる製造業であり、多くの企業が求めていたのは熟練工であった。慢性的に人手不足の時代でもあり、恒常的な長時間労働に結びつきやすい環境にあった。企業から見ると、主要な働き手は男性であり、その働き手を継続的に繋《つな》ぎ止めることが人材マネジメントの要諦となる。その一方、女性は、男性が会社に専念できるように、専業主婦として家庭を守るという責任を負うこととなる。企業は、限られた大切な働き手である男性社員が専業主婦をもつことと、その子どもの成長に応じて発生する経済的負担を支援することに重きを置いた。

そうした前提と、「三種の神器」は相性がよかった。「三種の神器」が日本に定着した歴史は諸説ある。「年功序列」に関していえば、明治時代末から大正時代のはじめにかけて、官営工場などが熟練工の引き留め策として定期昇給を採用したという説もあれば、戦時経済下において、人事査定を一人ひとり行うのが難しくなり、機械的に年次で行っていったという説もある。あるいは、一九三九年の賃金統制令と翌四〇年の従業者移動防止令によって、「終身雇用」「年功序列」が定着したとも言われている。

いずれにせよ、戦後、官公庁で年次管理を行うようになり、労使紛争が激化した一九五〇年代に、定期昇給制度を採用した民間企業が増えたことは事実である。また、年少者は年長者を敬うべきであるという儒教的な社会観や、相互に助け合いながら仕事をすることを是とする中で明確でわかりやすい秩序関係が必要となり、年功の概念が組織の中で馴染んだという識者もいる。

そのような世界観と、高度経済成長期における右肩上がりの成長の中で、団塊世代の若い労働者が多く存在し、組織の人員構成が必然的にピラミッド型になったこともあり、「年功序列」は人員構成上の観点からも、合致したシステムになっていった。

男性社員は、「終身雇用」「年功序列」の思想の中で、会社に対する依存度が高くなる。そうした依存状態は、結果として会社に対する高い忠誠心をもたらした。自分の人生の大半の時間を同じ職場で過ごす中、自分自身の勤めている会社に対する愛着と思い入れを少なからず持つことで自分自身のアイデンティティを確かめることができた。社章を胸につけて出勤することにためらいもなく、ブランドがある大企業であればそのことをむしろ「誇り」と感じていた時代である。

一つの会社に働き続け、「年功序列」と「終身雇用」の恩恵を受けて定年退職をしたロールモデルが、身近に存在した。それは、自分の会社の上司であり、もっと身近なところであれば自分の親や親戚であった。転職を繰り返し成功した人を見つけるよりも、はるかに簡単に多くのそうしたロールモデルを見つけることができた。身近にいるロールモデルは、非常にわかりやすいメッセージである。一つの会社で、苦しくても頑張っていれば、報われて、安心して余生を送ることができるというメッセージである。

実際に、右肩上がりの経済成長の中では、大変だけれども頑張れば成果に結びついていた。そのメッセージは説得力があった。報われやすい世の中で、疑問や不安が生まれることは少なく、それはそのまま続くと信じられていた。

「ジャパン・アズ・ナンバーワン」の誇りと現実

一九八〇年代前半、米国にとって日本は大きな脅威として認識されることとなる。「メイド・イン・ジャパン」が世界的なブランドとしてマーケットを席巻した時代でもある。七〇年代後半には、鉄鋼生産量は米国と肩を並べるようになった。また、同じ頃、石油化学、合繊、ラジオ、テープレコーダー、オーディオ、オートバイ、光学機器、ピアノ、自転車、造船、自動車、工作機械、エレクトロニクスなどの分野で、欧米諸国が持っていた市場シェアを占拠し始めた。あわてた米国は輸入制限をしかけたが、日本側が正式な関税措置を避けるために自主規制をするようになった。六〇年代の繊維、七〇年代のテレビ、鉄鋼、自動車いずれも日本は自主規制しなければならないほど強くなっていった。

米国の学者や戦略コンサルタントは、日本的経営に関する研究を盛んに行った。一九七九年に『ジャパン　アズ　ナンバーワン』（エズラ・F・ヴォーゲル）、八一年に『セオリーZ』（ウィリアム・オオウチ）が出版された。日本の製造業の強みは、近代化された設備と高い生産性に加えて、安いが質の高い労働力がその要因と考えられた。労働者の質量両面における厚みが強みであり、その厚みを生む鍵が「三種の神器」の日本的雇用慣行にあると考えられていた。

「三種の神器」に加えて、新卒一括採用、新入社員に対する手厚い研修、定年制などの慣行も、日本的経営の特徴と考えられていた。さらに長期的な視野、メインバンク制、市場シェア主義、株式の持ち合い、ボトムアップ、集団合議制も日本の会社特有の経営慣行であった。

株式の持ち合い、銀行の融資による経営は、株主からの短期業績プレッシャーを避けることができ、長期的な展望に立って経営判断ができる要因でもあった。当時の銀行は、日本企業を育てていき、自らも成長をしていく関係性を築いていった。

企業は、短期的な収益を気にせず、市場シェアを拡大することに重きを置けた。「市場シェアを獲得することが、長期的には利益をもたらす」ことは実証されており、そのような長期的展望のおかげで、日本企業は戦後わずか三〇年で、先進諸国の仲間入りを果たしたのである。

そのような長期的展望は、「終身雇用」と密接な関係があった。つまり、長期的な展望があったがゆえに、入社してから定年までの四〇年という長い期間、企業は深い関わりを持つ覚悟があり、働く個人のコミットメントを獲得することができたと言える。そこでの企業側からの個人への関わりは、今日の水準から考えると、過剰であった。

入社後、高い給料を設定できなかったということもあって、寮、社宅を用意し、休みの日のための保養所も用意していった。新入社員研修は丁寧に行われ、社会人としてのマナー教育、仕事に必要な基礎的な知識教育、スキル教育から会社の歴史や伝統、経営理念まで、至れり尽くせりのプログラムであった。社歌、社訓を覚えなければならなかったが、朝礼、宴会、忘年会、歓迎会、社内旅行、家族含めた運動会、パーティ、クラブがあり、福利厚生の一環として低金利の住宅ローンもあった。

ここまでの過剰な社員への関わりによって、社員からの忠誠心を醸成していった。そして、その忠誠心が、会社との一体感を生み出し、驚異の高度成長のエンジンになっていった。国全体としても、欧米に追いつくというわかりやすい目標のもと、政策が練られ、国、企業、そして個人が同じベクトルの船に乗っていった。

そのような時代であったが、一九七〇年代に「年功序列」制度の問題が表面化していった。二度の石油ショックによる経済成長の鈍化、高学歴化、高齢化が進み、思うようにポストが提供できないという問題が噴出してきたのである。

五%成長だと課長になるのは三〇年後

ここで、課長到達年齢をシミュレートするための簡単な会社のモデルを考える。

社長が一人いて、事業部が一つある。事業部長も一人である。一人の事業部長が五人の部長をマネジメントする。五人の部長が、それぞれ五人のマネジャーを管理し、計二五人の課長をマネジメントする。二五人の課長もそれぞれ五人のメンバーを管理する。合計で一二五人のメンバーをマネジメントする。一人の社長、一人の事業部長、五人の部長、二五人の課長、一二五人のメンバー、総計で一五七人の会社である。

年功序列で、昇進していき、誰も離職しない。定年退職もない。採用は大学新卒からしか採らない。全社の人員数は毎年五%ずつ増やしていく。ゆえに初年度の採用は、一五七人の五%の八人である。次の年は、一五七人に八人足した一六五人の五%で九人を採用する。メンバーが五人を越えれば、課を一つ増やし、課長も一人増やす。同様に部長が管理する課長が五人を越えれば、部を一つ増やし、部長も一人増やすというモデルである。そのような条件の中で、一年目に採用した八人が課長になれるのはいつだろうか。

答えは三三年後である。大学を卒業して二二歳で入社して五五歳の時に課長になれる。

五五歳である。

実際には、離職、定年退職、役職定年ということもある。よって、五五歳よりも早く課長に昇進することは可能である。したがって、モデルを少し修正してみる。初年度、事業部長は四二歳、部長三七歳、課長三二歳、メンバー二七歳、定年は六〇歳で、皆六〇歳で辞めるという前提に変える。そうすると、初年度採用された八人の新入社員は二九年後、五一歳の時、課長になる。五一歳である。

同モデルで毎年の人員数の成長率を二〇％に変えた場合、初年度の新入社員が課長になるのは、一〇年後の三二歳である。

図1‐1は、日本の法人企業の売上高伸び率の推移を表している。売上高伸び率は、一九六〇年代平均で一七・〇％、七〇年代平均で一四・九％、八〇年代平均で六・三％、九〇年代平均で〇・六％、二〇〇〇年代平均（二〇〇八年まで）で一・一％である。

したがって、一九六〇～七〇年代前半であれば、日本全国で「三〇代で課長、四〇代で部長」というのが自然に言えたが、七〇年代後半以降では、飛躍的に成長している企業以外では、「三〇代で課長、四〇代で部長」のポストを用意するというのはかなり難しいということがわかる。

ここでの問題点は、五％程度の成長では、三〇年近く、課長にもなれないということで

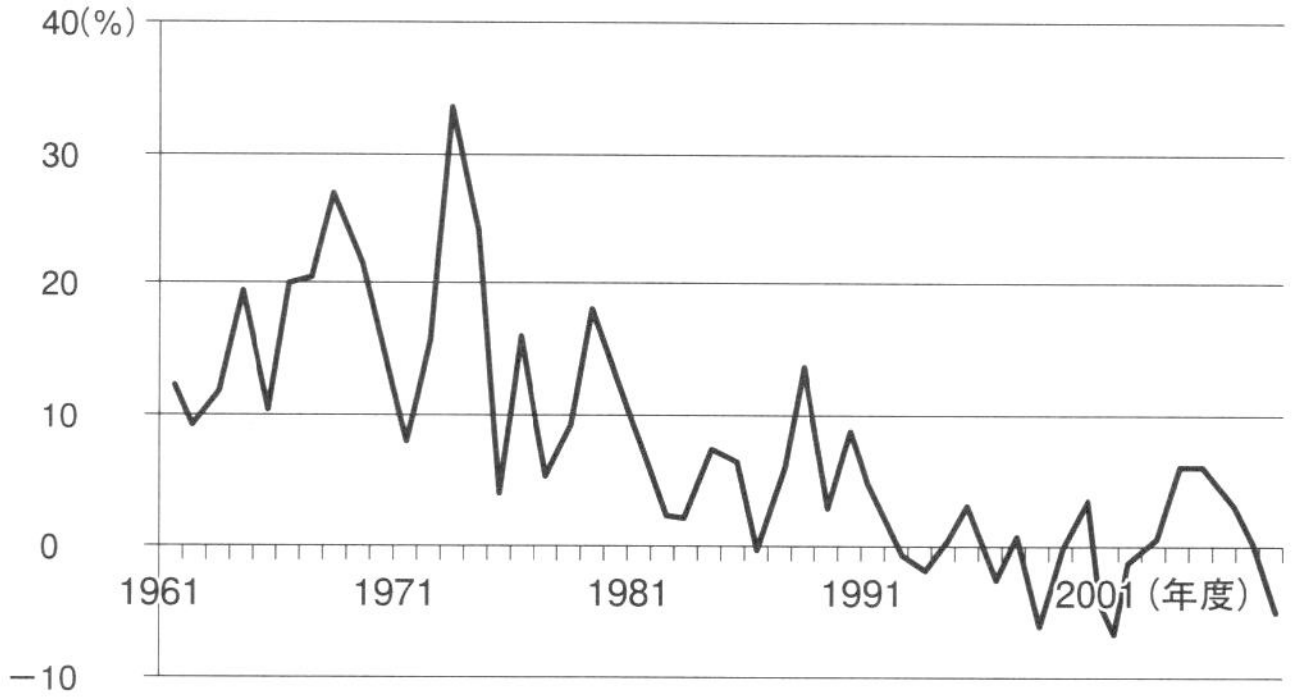

図1-1　法人企業の売上高伸び率の推移

出典：財務省『法人企業統計調査』

である。しかしながら報酬は別問題である。利益が五％成長すれば、報酬原資を増やすことができるわけだから、毎年、昇給させることはできる。一九七〇年代当時で言えば、価格下落に伴うコスト削減要求がいまほど強くなかったということを考えれば、「ポストは足りないが昇給はできる」という状況であった。その状況に合わせた人事制度が必要になってきた。

そういう状況の中で生まれたのが「職能資格制度」であった。職務遂行能力に応じて等級基準を設定し、その基準によって人事処遇を行う制度であり、その意義は、資格の昇格と役職の昇進を分離することにあった。それまでの制度は、役職に応じた等級制度であったため、ポストが上がらなければ、賃金も上がらないという制度であった。上のポストが空かなければ、昇進せず、賃金も上がらない、そのことによって従業員のモチベーションは低下してしまうという問題があった。

それに対して職能資格制度は、ポストがなくても、職務遂行能力が向上していけば資格も上がり、賃金も上昇していく仕組みであり、従業員のモチベーションを保つことができる。当時としては画期的な人事制度であり、一九六〇年代中盤から七〇年代後半にかけて、導入する企業は増加した。労務行政研究所の調査（九〇年）によると、職能資格制度導入の時期は、六四年以前は一一％、六五〜七四年は三九％、七五〜八四年は三四％、八五年以降は一七％となっている。

バブル経済下で進んだ問題

一九八〇年代後半、バブル経済で浮かれ、現場のオペレーター人材が不足していく一方で、人材マネジメントを考えるうえで潜在的な問題が進行していた。それは、団塊の世代（一九四七年から四九年の三年間に出生した第一次ベビーブーム世代、約八〇〇万人）が管理職年代に差しかかっていくことだった。

一九八五年のプラザ合意で円高になり、日本は突然、金持ちになった。八五年に一ドル二五〇円台だった円が八七年には一二〇円台になっている。円の価値が一気に倍になった。一方で、輸出型ビジネスのコストが合わなくなってきた。日本での生産ではなく、海外で生産しなければならない。日本で生産に関わっている人たちの雇用はどうなるのだろうか。そういう不安も噴き出してきた。空洞化が叫ばれ始めたのもこの時期である。八五年に三％だった海外生産比率は九〇年には六・四％になっている（『法人企業統計』〔旧大蔵省〕）。五年間で倍である。

職能資格制度に変えたものの、多くの企業は、年功的な運用を行っていた。もともと職務遂行能力の向上によって昇格させていく制度であり、経験年数を経ることで能力は高まるということを前提にすれば、年齢が上がれば賃金も上がるという構図であった。

一九八〇年代には企業でも高齢化が進んだ。職能資格制度であっても、年功的に運用していれば、従業員の平均年齢が上がると人件費が高騰してくる。それ以上の財務的成長があれば問題はないが、高度成長期から成熟期に移行した八〇年代において、構造不況業種から徐々に、人件費の問題が浮き彫りになってきた時期であった。

また、人事制度上は、職能資格制度で昇進と昇格を分けても、ポストで報いることができないという状況は変わらず残り、成長が鈍化した中、ポスト不足はより強く認識されるようになった。会社に入り、ある年齢に到達すれば課長、部長と昇進していくのが一九七〇年代までのスタンダードであった。八〇年代になると、それは難しくなったということは頭ではわかるのだが、諸先輩を見てきている従業員に不満は募っていく。

従業員のモチベーションを維持するために工夫が施されていく。部長代理、部長補佐、部長代行、副部長、担当部長のように指示命令系統がどうなっているのかわからない肩書が増えてきたのもこの時期であった。

四〇歳から六四歳までの男性は、一九八〇年の一六二一万人から九〇年には二〇九二万人になり、生産年齢人口（一五歳〜六四歳）に占める割合は、八〇年の四一・六％から九〇年四八・五％と七ポイントも急上昇した時期であった（国勢調査〔総務省統計局〕）。

図1‐2は、一九五〇年と九〇年における男性の年齢別人口構成である。五〇年は下方に向かって広がりが大きくなる構造を持っており、「終身雇用」「年功序列」制度が機能する人口構造を持っていたことがわかる。一方、九〇年では四〇歳から四四歳の人口が膨らんでいる。いわゆる団塊の世代である。それに比して、二〇歳代から三〇歳代の人口が少ない構造である。この状態を個々の企業にあてはめてみると、どうなるだろうか。

四〇歳から四四歳という年齢は、会社の中ではミドルであり、働き盛りである。彼らは、高度成長期を幼少時から体感し、「終身雇用」「年功序列」によって、「毎年昇給していくこと」「ある年齢に達した時に、管理職へ昇進していくこと」を当然のことと考えていた。また、会社に対する忠誠心と依存度が高い世代でもあり、会社の発展を支えてい

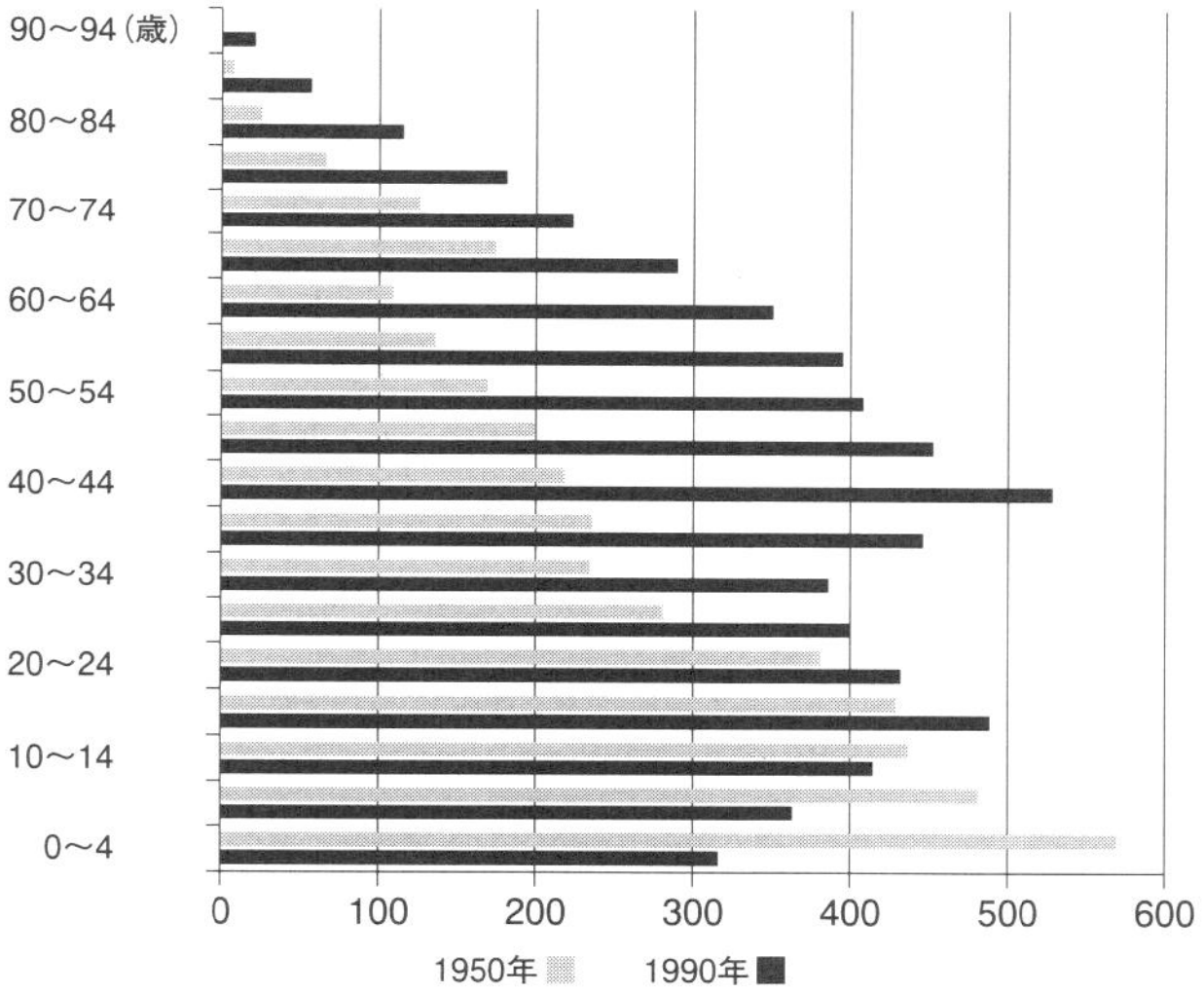

図1-2　1950年と1990年の年齢別人口構成

（男性、単位：万人）
出典：総務省統計局

た。一九九〇年代に入ると、団塊世代は年齢でいうとすべてが四〇代となり管理職になる年代となる。

会社側から見ると人員の構成比率が高い層が給与的にもピークに差しかかりつつあるタイミングとなり、このままの状態では、人件費は膨張し続けることとなる。

2 バブル経済の崩壊（一九九二〜九七年）

「前提」の崩壊

欧米企業は利益率、利益額、投資に対するリターンを重視する傾向が強かったが、日本企業は売上高を重視する傾向にあった。二〇〇〇年以降、外国人株主比率が上がり、日本企業でも利益志向は強まったが、高度成長期、バブル期を通して、売上高偏重であった。

一つの要因は、前述したように、売上を伸ばし、市場シェアを取っていくことが、短期的には効率は悪いかもしれないが、長期的な利益につながるということにあった。

他の要因として、「終身雇用」「年功序列」制度の前提が、売上が伸びることにあったということもあげられる。右肩上がりで企業が拡大し続けなければ、新卒採用者の数を増やしていくことができない。ポストを増やすこともできない。したがって、売上至上主義に走ることになる。

売上至上主義に加えて、カネ余りの状況になっていたバブル期には、ポスト対策を含めて、本業とのシナジー（相乗作用）をあまり考えずに事業の多角化を行う企業が数多くあった。新しいビジネスを開発することや技術革新を図り生産性を高めるような動きをとるというよりは、安易に値上がりする土地に投資をしていく傾向が顕著になっていった。本業と関係ない、ゴルフ場、スキー場をはじめとする土地が主役となる投資計画がもてはやされていく。

その後、バブルが崩壊すると、土地を中心とした多角化事業は、一斉に不良資産として表面化した。また、企業間の株の持ち合いが当たり前だったために、所有する株式の含み損を抱えることになる。多額の含み損を抱えた企業は資金面において余裕がなくなり、本業についても「攻め」に転ずることができない。景気が急速に悪化していったこともあり、本業の成長も鈍化せざるを得ない状況がそこに生まれた。すなわち、いままでの日本的経営の前提が一九九二年以降に崩れていくこととなる。

バブル期に、日本全体が将来の人手不足の状況を心配し大量採用に走ったことにより、バブル入社組は企業の人員構成の中で突出して多い状態になっていた。しかし、バブルが崩壊したことにより、事業の見通しは、突然不透明になった。人に関する見通しも、「不足」から「過剰」という状況に急変することとなった（図1－3）。

会社が自社の人員構成を冷静に振り返ると、管理職年代になった団塊世代と、先行投資として採用したバブル世代の「二つの翼」が突出し、人件費コストにおいて大きな負担となっていることに気づく。「終身雇用」と「年功序列」を前提にした経営システムに課題意識はあるものの、人員削減を思い切って行うということが会社にとっては難しい風潮に

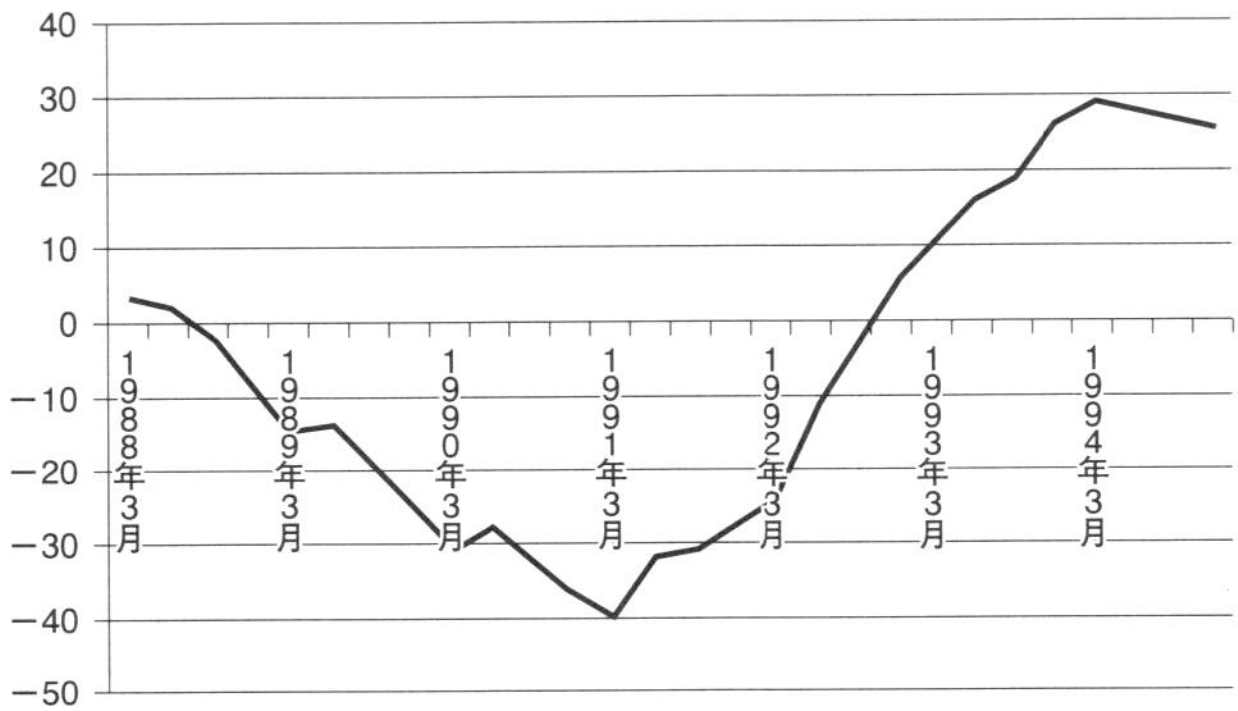

注：縦軸は（「過剰」回答社数構成比－「不足」回答社数構成比）×100

図1-3　雇用人員判断（大企業）

出典：日本銀行全国企業短期経済観測調査

あった。そのため、過剰人員を削減する救急手段として新規採用を抑制し始める。こうして、第二次ベビーブーム世代（一九七一年から七四年生まれの約八〇〇万人）が犠牲になった。

採用の凍結

　戦後一貫して、日本経済は右肩上がりの成長を続けていた。成長速度は徐々に鈍っていたが、土地の値段は下がることはなかった。狭い国土と増え続ける人口を背景に土地の値段は下がることはないと誰もが思っていた。したがって、少々リスクがあるビジネスでも、土地があれば、土地を担保に銀行はお金を貸し、経済は回っていた。しかし、バブルははじけ、地価は急激に下落した。

　そのため、当時の経営者はあわてた。多く

の企業は、採用を凍結し、人材開発費（研修費など）を大きく削減した。実際に、大卒有効求人倍率はバブル末期の一九九一年の二・八六を最高に、九六年には一・〇八まで、一気に下がった。

バブル崩壊後の一九九二年は景気の急激な後退により学生の内定が取り消されるニュースが相次いだ。翌九三年より企業の採用活動の抑制が顕著になり、就職氷河期が本格的に訪れることとなる。当時は大手企業であったとしても、「採用ゼロ」あるいは欠員補充に相当する「若干名募集」に留まる企業が数多くあった。

就職氷河期の第一世代は一九九三年に就職活動を行った九四年入社組であり、大卒だと七〇年代前半生まれに相当する。この世代は第二次ベビーブーム世代で人口が比較的多いことも重なり、大量の就職難民が生み出されるという結果に結びつく。また、狭き門をくぐりぬけて首尾よく正社員の座を射止めた新入社員に対して、「即戦力」としての働きが求められたのもその頃からである。企業は、新卒者をゆっくり育てるだけの余裕がなくなり、短期間で仕事に習熟し、戦力になることを求められるようになった。

フリーターの増加

就職氷河期の時代と時を同じくして、フリーター（内閣府定義）は一九九〇年の一八三万人から九七年の三一三万人へと爆発的に増えていく。当初は明確な定義はなく、自由に自分の都合に合わせて仕事をしている人を指す言葉で、イメージとしても悪いものではなかった。バブル期においては、自分自身の夢を追いかけ、あるいは生活スタイルを貫くために、あえて就職をせず自ら選んでフリーターになっているという新しいワークスタイルの一つとして考えられていた。

就職しようと思えばできる環境にあっても、終身雇用という前提がある中で企業という枠に収まることなく、自分自身の可能性を追求していく働き方の一つとして捉えられていたのだ。たとえば、コンピュータのプログラマーの中には、短期間で大金を稼いで海外を放浪してというサイクルを繰り返している人がいた。世論は、そういうフリーターという生き方を、格好の良いものとして扱っていた。また、二十四時間営業のコンビニエンスストアやファミリーレストランが増えてきた中で、フリーターとして働く人間が増えることは、サービス業を営む企業のニーズにも合致したものとなり、社会に受け入れられていった。

このようにバブル期のフリーターが自分の意志に基づいて自ら選択をしたものであるのに対し、バブル崩壊後にあたる就職氷河期には、就職難で仕方なくフリーターになってしまうケースが増えてきた。正社員になりたくとも、就業の機会に恵まれずフリーターとしての道を選択せざるを得なかった人々である。フリーターに一度なってしまうと、彼らに正社員になる機会は少なく、そこから抜け出すのは容易なことではなかった。

人的資源の「歪み」の顕在化

バブル崩壊後、採用の抑制がなされ、就職氷河期と呼ばれる期間を生み出し、第二次ベビーブーム世代を直撃する。そのことは長期的な観点から見ると、スキル習得の機会が失われた世代、不安定な雇用を余儀なくされた世代を生み出し、その時点における近未来の日本に負の遺産となる。

会社サイドから見ると、フリーターは社外、すなわち外の世界の話であり、国が解決すべき問題として捉え、社内に関しては大きな問題はないと考えてきた。一方で、バブル崩壊による人員構成の歪《ひず》みは現実的な問題として、会社によっては二〇〇〇年を越えたあたりから認識せざるを得ない状況になった。さらなる職場の高齢化の問題である。バブル崩壊以降、採用を抑制したために、社会一般よりもはるかに高齢者比率が高い職場が多くの日本の企業の中に出てきた。

男性社員に対する終身雇用・年功序列のルールを適用していた企業の中には、すでにバブル崩壊前に社員の平均年齢が四〇歳代以上という会社が存在していた。それに加えて、バブル崩壊後に新卒の採用を行わなかったために、社員の平均年齢は毎年上がり、気がつくと若者がほとんどいない高齢者ばかりの職場になっていたという会社も数多く存在していた。

バブル崩壊直前に大量採用された社員は、後輩が入社してこないために、いつまでたっても新入社員が行うような仕事をせざるを得なくなることもあった。そのため、人的なつながりが生まれにくくなり、ノウハウや技術の継承が進まないばかりか、人と人とのつながり、人と会社とのつながりも薄れていった。

3　グローバルスタンダードの時代（一九九八～二〇〇五年）

急激な失業率の上昇

一九九七年一一月、ショッキングなニュースが日本を揺るがす。

北海道拓殖銀行の経営破綻と山一證券の自主廃業のニュースである。

金融機関が潰れて消滅するなどということは、当時は起きるはずがないことと一般的には考えられていた。それまでの常識では潰れるはずがなかった会社が潰れたということは、企業体質の抜本的な改善の必要性を意味していた。

会社がなくなってしまっては元も子もない。厳しい経営環境の中にあって、現行の雇用を維持していくことに限界を感じつつあった会社は、社員との間に交わした暗黙の約束である「終身雇用」を守ることの難しさにも直面せざるを得なくなる。大手金融機関の破綻を号砲として、堰《せき》を切ったように、多くの会社がリストラや早期退職者の募集を行っていった。

その結果、一九九八年に失業率が突然跳ね上がった。七〇年代のオイルショック時も八〇年代の円高不況期も二％台であった失業率がいきなり四％台までに急伸し、その後五％台になった。

いままで向き合うことなく、先送りをしていた問題に着手したという見方もできる。しかし、すべての会社にあてはまることではないが、リストラの際に社内で十分な検討や議論がなされたかというと疑問が残る。一九九八年の堰を切ったような「我先に」のリストラブームともいえる状況は、コスト的なメリットにのみ着目し、いままでに蓄積されていたはずの無形資産への影響を十分に考えずに拙速な意思決定をした会社もあったと考えられる。当然、会社と個人との関係にも影響を及ぼす結果になった。

成果主義制度の導入

企業内での人口構成の歪みを是正していくことと同時に、ポスト不足と膨れ上がる総額人件費に対処していく必要があった。そのため、多くの企業でこの時期に「成果主義」制度の構築を促進していった。

前述したように、人事制度は、年功序列制度から一九七〇年代に職能資格制度へ転換してきた。しかし、実態としては多くの会社で年功序列的な運用を行っており、人件費が会社経営を圧迫していた。

一方で、ビジネスを取り巻く環境は、劇的に変わり始めていた。インターネットの出現とITの進展で、流通、金融、メディア、エレクトロニクス業界といった一部の業界だけではなく、バリューチェーン(企業のさまざまな活動の価値連鎖)全体の見直しが必要になり、従来のビジネスモデルは変革が迫られた。さらなるグローバル化の進展ならびに航空、金融、小売をはじめとした規制緩和が相次いで進み、過去の経験が役に立たないことが増えてきた。

職務遂行能力は、経験によって増えることはあっても減ることはないと思われていたが、過去の知識、技術、スキルの陳腐化は早まり、中高年層に対して、高い賃金を払う必然性が薄まっていった。一方、転職市場が発達してきたこともあり、力のある若者をリテンション（引き留め）する意味でも、実力や実績によって処遇する必然性が高まっていった。それに加えて、外国人株主比率が高まっていく中で、企業に短期的な収益が求められていった。

人件費の高騰、ビジネスモデルの変化による中高年層の能力の陳腐化、優秀な若者のリテンション、経営体質の強化といった要因で、二〇〇〇年前後に、多くの会社で、年功・職能的な人事制度から実力主義・成果主義的な人事制度への制度変更が導入されていった。

二〇〇五年の厚生労働省の資料（『平成一六年版　就労条件総合調査』労務行政）によると、成果主義制度は、一〇〇〇名以上の大企業で七二・四％という普及率であり、大企業においては、全般的に普及してきたと言える。

ここでの成果主義の定義は、「業績評価制度がある」かつ「個人業績を賃金に反映する仕組みがある」である。何を評価するのか、あるいは何を個人業績にするのかというのは、各社各様である。たとえば、比較的成果が見えやすい営業職であっても、営業成績の結果だけを見るというものから営業に至るプロセスを重視するもの、あるいは高い業績を継続的に維持する思考特性、能力特性といったコンピテンシーも評価項目として取り入れている企業もあり、各社各様に試行錯誤している。

成果主義制度導入というときに、多くの会社では職務評価に基づく人事制度を導入している。特に管理職以上のクラスで、導入されている企業は多い。給与を人ではなく仕事の価値や困難度によって決める職務評価に基づく等級制度は、経営側から見ると理にかなった制度である。人件費のコントロールもしやすくなる。

しかし個人側からの観点では、経営側が上手な運用をしないと不満の温床にもなる。仕事の価値や困難度によって給与が決まるということは、代替可能性を意味する。自分でなくても他の人ができるということは、それが現実だとしても、個人の自尊心を傷つける。評価は人でなく、仕事と成果に注目されることになる。個人からすると、組織との距離を感じる制度に映る。実際には、誰がその仕事を行うのかということによって、そのグレードを変えて運用しているケースも多いが、丁寧に運用していかないと、人を人として見ているのだろうか、というように不満が残る可能性が高い制度でもある。

それに付け加えて、成果主義制度の導入によって、評価そのものが難しくなった。一般には、評価される側の納得感を高めるために、MBO（目標によるマネジメント）制度の併用も行われている。しかし、横並びでの目標の妥当性、長期的な仕事に対する評価、定量で測ることが難しい仕事の評価、チームで行った仕事の評価の仕方の問題等を考えると、評価する側の負荷は高まったと言える。

不確実性が高くなっていくキャリア

会社がいきなり倒産する。

リストラの憂き目に遭遇する。

分社化して、他社に売却される。

会社が統合され、営業所が統廃合され、自分の仕事がなくなる。

インターネットの発達や技術革新によって、これまで身につけた技術が陳腐化していき、仕事がなくなる。

グローバル化の進展によって、工場が海外へ移転される。他の地域の工場で働くか、地域にとどまり他の仕事を見つけるか、というようなことが日常的に起こっている。

外資による買収が起こる。自動車や金融あるいは医薬品のような業界ではもはや日常的になってきている。ある日突然、自分の会社が外資になる。マネジメントのやり方が一気に変わってしまう。将来に描いていたキャリアが一気に崩壊する。求められている人材像が逆転する。いままで積み上げてきたものが陳腐化する。

自分自身が信じていた将来が、二〇〇〇年以降、会社側の事情により突然、消滅する可能性が高まった。そのことだけが理由でもないかもしれないが、将来に対する見通しは暗

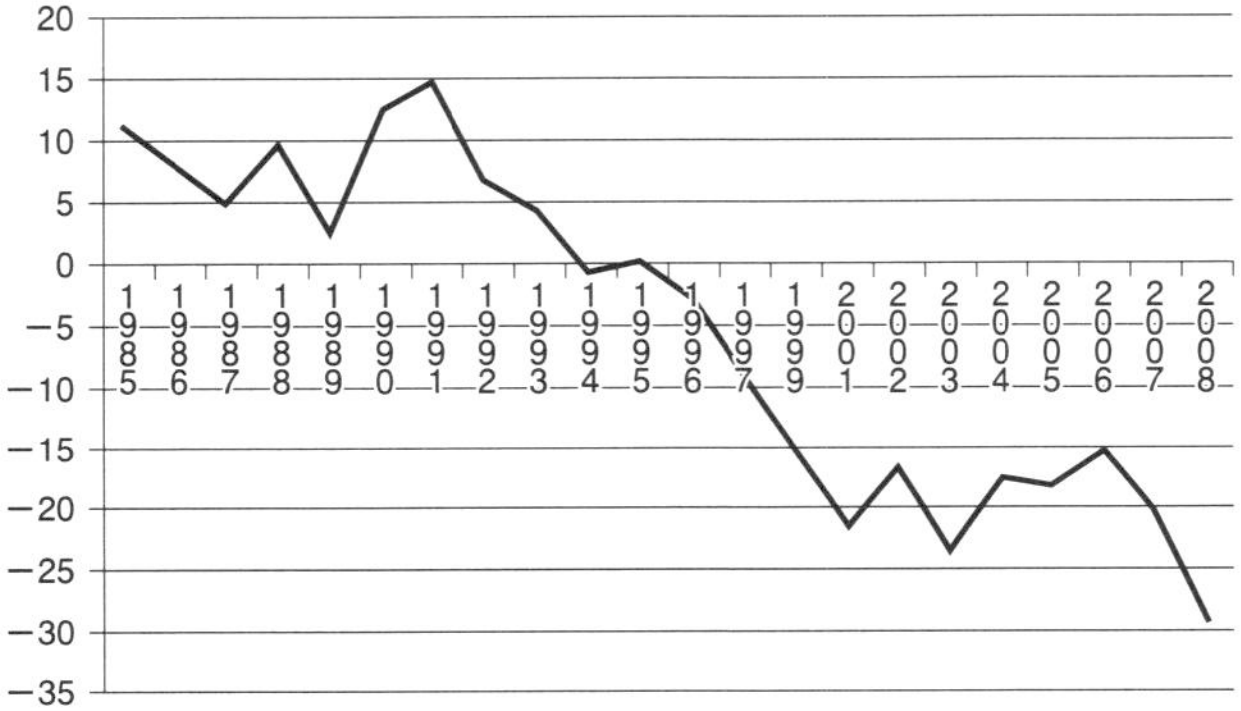

注：縦軸は（「良くなっていく」回答者数割合－「悪くなっていく」回答者数割合）× 100

図1-4 今後の生活の見通しの推移（1985〜2008年）

出典：内閣府『国民生活に関する世論調査』

くなっていった（図1－4）。

リスクを避けるために、いままで会社に任せていた自分自身のキャリアについて、自分自身の責任で考えて切り開いていくスタンスが求められるようになる。会社に依存できないし、会社も「依存しないで、自らキャリアを描き、自らキャリアを切り開いてほしい」と言う。また、プロフェショナルになってほしいというメッセージは多くの会社で聞かれるようになる。

仕事に要求される質は、競合関係の激化と顧客の要望の高度化に伴って、急速に高まった。商品やサービスの情報は、口コミサイトによって、消費者の間に一気に広がる。いい商品・サービスを提供すれば、顧客は集まる。逆に、少しでも見劣りする商品・サービスに対しては見向きもされなくなり、優勝劣敗がはっきりとしてくる。差別化するために、いい商品やサービスを提供しても、すぐに真似されるために、いい商品・サービスを継続的に作り続けることが求められていく。仕事に求められるレベルは高まり、働く個人へのプレッシャーやストレスも高まった。

個人へのストレスは、あたたかい職場によって癒されるが、職場全体も高い業績プレッシャーにさらされている中で、互いの仕事に注意が向かなくなってきた。それに加えて、雇用形態の多様化により、多様な価値観を持つ人が職場に増えたことによって、職場でのつながりが希薄になり、職場での信頼感も低下していった（図1-5）。

メールでのコミュニケーションの影響も大きい。メールでのコミュニケーションはメリットも多いが、面と向かって話をすることによるコミュニケーションでこそ得られる、言葉の背後にある感情やニュアンスがなかなか伝わらない。こうしたことも また、職場に対する不信につながっている。

働く人の環境は急激に変わりつつあったが、多くの会社はそのことに対処する余裕はあまりなかった。競争が激化する環境において、会社自身が生き残りをかけて、事業の「選択と集中」を行い、体質を改善した。

図1-6、図1-7は、一九九〇年代から二〇〇〇年代にわたる、労働分配率と配当性向

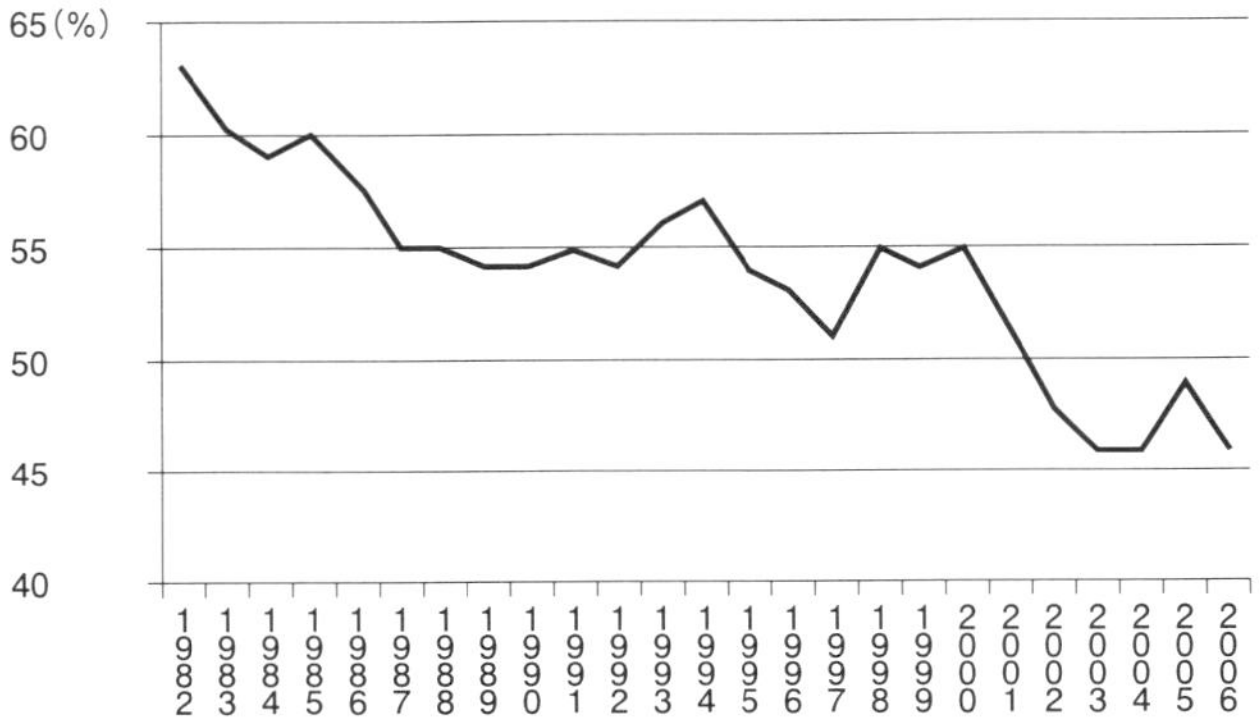

図1-5　「職場の人はみんないい人だ」を支持する比率の推移（1982～2006年）
出典：社会経済生産性本部　2007年版『産業人メンタルヘルス白書』

の推移である。大枠でみると、労働分配率は、一九九〇年代は変化していないが、二〇〇〇年代に入ると少しずつ下がってきている。一方で、配当性向は、アップダウンはあるものの、明らかに上昇傾向である。軽視してきた株主に対する配当を上げていることが如実にわかる。こうして日本的経営の見直し、経営の大改革を行った結果、過去最高益を更新する企業も続出した。

しかし一方、その間に働く環境は激変し、職場に対する信頼は下がり、将来の見通しはネガティブになり、メンタル不全者、雇用不安者は増えた。

経営は内憂外患の状況であったが、内憂への対処が遅れたと考えられる。

二〇〇〇年代中盤、多くの企業は、行き過ぎ

図1-6　労働分配率の推移（1989〜2007年）

出典：財務省「法人企業統計年報」より作成

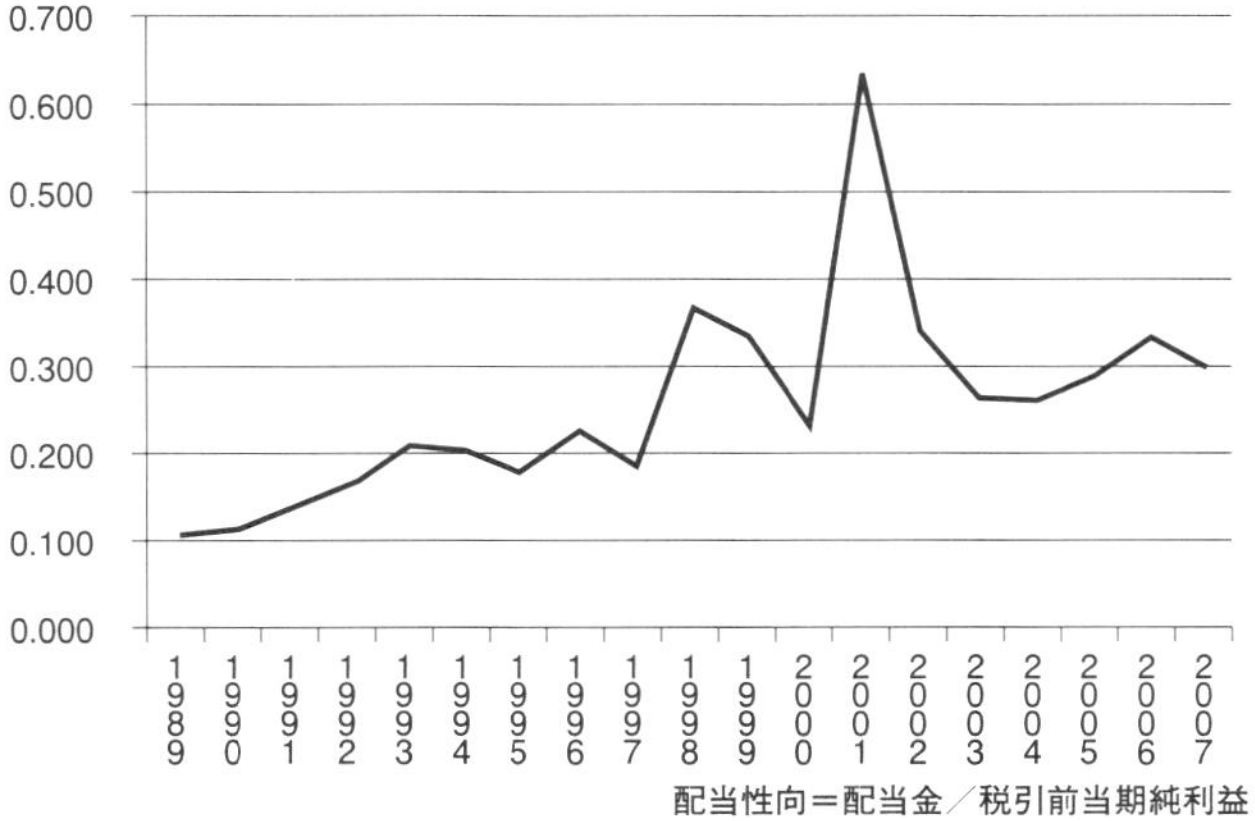

図1-7　配当性向の推移（1989〜2007年）

出典：財務省「法人企業統計年報」より作成

た米国型グローバル経営を是正し、失われた信頼を取り戻すべく、働いている人への関心を持ち始めた。

4　人への再注目（二〇〇五〜〇八年）

会社と一定の距離は置きたいけどつながっていたい

前述したように、二〇〇〇年前後から多くの会社は、「自分のキャリアは自分で考えてほしい」というメッセージを発信したが、会社と個人との距離を取り始めたのは、個人のほうが先だった。豊かになるにつれて、働いている人は、必要以上に企業から縛られるのは嫌だと感じ始めていた。

ＮＨＫ放送文化研究所では、「日本人の意識」調査を一九七三年から五年おきに重ねている。職場でのつき合いについても七三年から調査している。「全面的なつき合い」を支持する人の割合は五九・四％（七三年）から三七・八％（二〇〇三年）へ下降している一方で、「部分的なつき合い」は二六・四％から三七・五％へ、「形式的なつき合い」は一一・三％から二一・七％へと上昇している。

人の意識も変化している。職場での親密なつき合いを望まない人、会社中心の生活、会社に忠誠を捧げることを前提とした働き方を見直す人も増えていった。

会社の発するメッセージの変化、個人の意識の変化が進む中で、職場の人とのつき合い方は難しくなった。一九八〇年代であれば、上司は部下に気軽に「飲みに行こう」と誘えたが、現在は誘っても断られることもあり、誘い方は慎重にならざるを得ない。上司が部下を誘う場合、百パーセントお遊びというケースは少ない。何らかの仕事に絡む話をしたいから誘うのである。上司は部下との円滑なコミュニケーションを通じて、部下の本音をつかんでおかないといい仕事のアサイン（割り当て）ができない。だから、飲みに誘われて断るような部下こそ、最も飲みに行きたい人になる。飲んで、本音のコミュニケーションが必要だと、上司は考えている。

一方で、本当は上司や同僚と仕事以外のつき合いもしたいと思っているが、実際はそのようなつき合いができていない人もいる。内閣府「国民生活選好度調査」（二〇〇七年）によると、仕事以外でもつき合いたいと思って、実際できていない人が四人に一人もいた。職場でのつながり度とメンタル不全者発生率が負の相関関係にあることを考えると、職場とのつながりを持ちたいと思っているが、実際にできていない人たちは、メンタル不全予備軍ともいえるだろう。

人に再注目する動き

二〇〇二年二月以降の長期的な好景気で、会社も個人との関係を見直す余裕を取り戻していく。〇五年を境に多くの会社が新たに取り入れ、力を入れてきたものとして、従業員の満足度調査とメンタルヘルスに関する取り組みがあげられる。成果主義人事制度導入の揺り戻しから、人事制度そのものの改廃までは行わないまでも、制度の運用方法について見直しを行う企業が増えてきたのもこの時期からである。

また団塊世代の退職が二〇〇七年から二〇一〇年にかけて進むことから、少子高齢化社会における、長期的な労働力の確保の問題に関心が喚起されていく。そうした背景の中、女性活用や高齢者活用といった「ダイバシティ（多様性）」や、「ワークライフバランス」への取り組みも多くの会社で検討されることとなる。

少子高齢化の問題もあり、女性の社会参画支援のため、内閣府に男女共同参画局がつくられた。二〇二〇年までに指導的地位の三〇％が女性で占められるよう努力目標を課し、大企業にも女性の活躍支援を行うムーブメントが起こった。そうしたムーブメント以前から、女性管理職比率等の具体的な目標を掲げたポジティブアクションプランを設定し、積極的に優秀な女性の活躍支援を実施していた会社もあった。そうした取り組みには各社で温度差があり、事業上の必要性や確固たる人材マネジメントポリシーを持って女性活躍支援をしている会社がある一方で、世の中の趨勢《すうせい》に後押しをされて、あくまでも人事部門のテーマの一つとして女性活用を取り入れた会社もある。

将来の展望に立った「歪み」の是正

そのような懸念はあるものの、「従業員満足度」「メンタルヘルス」「ダイバシティ」「ワークライフバランス」といった言葉が世の中に浸透し、人にやさしいマネジメントをする会社が政府からも認められ、他の企業からも尊敬される状況が生まれたことは、個と組織の関係改善のうえで大きな前進であったといえる。

個人との関係修復を会社が考え始めたきっかけとして、メンタル面を損ねる社員や、離職する社員が増えたことがある。それに加えて、成果主義の運用を誤り、職場のメンバーのすべてがライバルとなってしまい、ギスギスした関係をもたらした、あるいは自分の成果を上げることにすべての関心が向かい、周囲の人間と協力して仕事を進めることができなくなったということも多くの会社で起こっていた。

そうした中、マネジャーはプレイヤーとして自らも成果を出すことが求められる。そのうえ、ギスギスした職場をマネジメントすることを求められ、コンプライアンスやダイバシティといった新たな取り組みの推進の担い手にもなった。まさにマネジャーは「多重責務者」になっていったのである。

マネジャーは、会社と一般社員との間をつなぐ重要な機能を負うが、多重責務の状態になってしまったマネジャーは、常にオーバーフローの状況にある。本来は、タフであると思われているマネジャーの中にも、メンタルを損なっている人が増えてきている。そうしたマネジャーの機能不全の状況がますます、個と組織との関係を希薄なものにさせていくといった悪循環を生み出す。

社員同士の協働を基盤とする職場第一線における強みが、個と組織との関係が希薄化するに従い薄れつつあると会社も認識し始める。職場という「場」の信頼が薄れ、皆で頑張って達成するということが難しくなったと感じるマネジャーも増えていく。失われつつある強みを取り戻すために、古きよき時代を懐古する方向への動きもあった。

運動会や社員旅行を復活させた企業もある。関係修復のグランドデザインがしっかりとあるなかで、運動会や社員旅行などのイベントを効果的に取り入れている会社もあるが、単発の付け焼き刃的な発想で行った場合はコストだけかかり、効果がほとんどない結果に終わった。

5　世界同時不況とその後（二〇〇八年〜）

金融危機

二〇〇八年九月のリーマン・ブラザーズ証券の破綻を機に世界金融危機は発生した。その前年からサブプライムローンの問題もあり暗雲が垂れ込めつつあった中での、追い討ちをかけるような出来事であった。日本の企業にとっては、個と組織の関係性の改善気運が見られた矢先の不運な出来事であるといえる。金融危機の影響を最も大きく受けたのは、輸出産業であるエレクトロニクスと自動車メーカーであった。それらの産業は日本の屋台骨ともいえる基幹産業であるだけに、社会的にインパクトも大きく、マスコミの取り扱いも大きかった。

それに加えて、新聞紙上を毎日のように賑《にぎ》わす、「派遣切り」の問題が起きる。派遣切りを行ったメーカーはマスコミからも世間からも非難の対象となった。パナソニックの熊本・愛媛工場閉鎖、パイオニアの出水《いずみ》工場閉鎖など、地方経済に大打撃を与える人員削減や、ソニーの早期退職者募集など、正社員であったとしても雇用不安を感じざるを得ないニュースが毎日のように紙面を埋める。会社を信用することへの不安を抱きつつも、失業を恐れ会社に自分の居場所を確保しようとする閉塞感に個人が襲われたことは否めない。

たしかに大変な事態ではあったが、多くの会社はバブル崩壊後のようなパニックには陥らなかった。一つの理由として、大打撃を受けている業種は、輸出系のメーカー、証券・投資銀行、不動産というように限られており、バブル崩壊時のようにすべての企業が何らかの形で痛手を負っている時とは状況が異なることである。もう一つの理由として、バブル崩壊以降、それぞれの会社は大きな景気変動があっても耐えられる組織と仕組みをつくりあげていったからである。

一九九八年以降、多くの会社で「BPR（ビジネス・プロセス・リエンジニアリング）」を行っていったが、その目的は、景気変動に耐えうる組織にすることにあった。日本の会社は人に仕事がつくことが多かったこともあり、業務定義や業務フローが整備されていないことも多く、付加価値の高い仕事と標準化が可能な仕事との区分も曖昧で、まさに玉石混交の仕事を多数の社員が分担して行っていた。

そうした状況を整備するために、正社員でないとできない付加価値の高い仕事や、判断が難しい仕事を「非定型業務」として切り取り、それ以外の仕事は正社員でなくても業務遂行できるように標準化とマニュアル化を徹底的に行った。そうした整備を行った組織は、景気変動に耐えうるような体質になっていった。その一つの例が、メディアに批判された派遣切りや雇用調整である。これは経営としては苦渋の決断ではあったが、〝想定内〟の施策を行ったと言える。

分水嶺に立つ日本の会社

「人にやさしいマネジメント」あるいはかつての日本的経営の良さを復活させるような試みを始めた企業は、二〇〇八年以降の世界同時不況により、その歩みを一旦、止めている。あらためて米国型グローバル資本主義の危うさを知り、かつての日本的経営を再現すればいいのか、あるいはあくまでもグローバルスタンダードを追い求めるのか、それとも新たな経営スタイルを模索しなければならないのか、日本の会社の多くは分水嶺に立っている。

一九九八年以降の経営施策は、一言で言うと、「収益体質の改善」であった。それまで抱えていた負の遺産を一掃する動きであり、グローバル競争に臨む前の準備であり、経済状況の「ボラティリティ（変動性）」に対する経営施策であった。

負の遺産とは、「設備」「雇用」「債務」の三つの過剰であった。競争環境をにらみながら、今後の競争に勝てる分野を特定し、「選択と集中」を行っていった。その過程で過剰な設備、雇用、債務を適正水準に引き下げることを行った。工場の海外移転、事業のM&

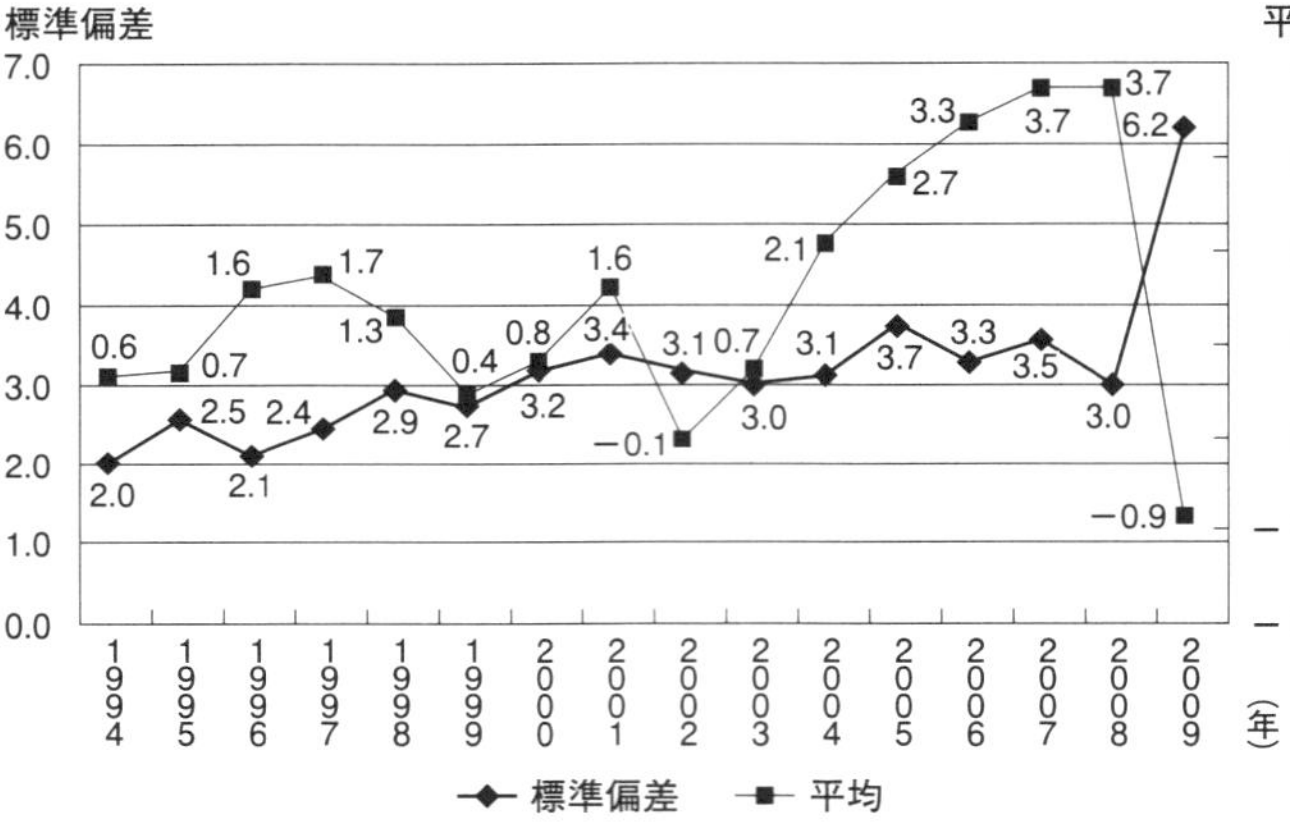

図1-8　日経225銘柄のROA平均と標準偏差の推移

A（企業の合併・買収）も実際に行っていった。

「ボラティリティ」は昔もいまも存在している。図1-8は、日経225銘柄のROA（総資本利益率）平均と標準偏差のグラフである。ROAの平均値は経済状況によって上下している。

「ボラティリティ」対策として経営側は、たとえば前述したように、BPRを行い、非正規社員化を進めてきた。これは正社員の解雇が難しいがゆえの人件費の変動費化施策の一つである。また「職能」ではなく、「職務」の概念を取り入れ、毎年増える人件費に楔《くさび》を打ったのも、先行きの不透明さと経済状況のボラティリティ対策である。

ポスト対策のための事業多角化に終止符を

打っていったのも、変動性対応である。そのような対応策によって、収益体質を高めていった。そして、不況が起これば、その対応として、非正規社員の雇い止めを施行してきたのである。不況が起こらなくても、グローバル競争のため、工場を移転させていくこと、ならびに事業や会社の統廃合は今後もあり得る。あるいは、技術の発達によって、仕事そのものを改廃し、新たに創造していく必要もある。いまの会社経営はそういう環境で行わなくてはならない。

もちろん、会社には当然、そこで働いている人がいるわけであり、働いている人がどういう感情で働いているのか経営側もわかっている。従業員が意欲を持って働いて初めて収益につながっているのもわかっている。わかっていながら、激動する環境に対応していくのも経営側である。従業員との距離感、信頼感が大事であるとわかっている。しかし、その距離感および信頼感の理解度に企業間のバラつきがあるのも事実である。

図1-8にもう一度戻ってみよう。ROAの標準偏差の増加に注目したい。二〇〇九年は世界同時不況のため特異値であるが、一九九〇年代は二%台であった標準偏差が二〇〇〇年代には三%台に上がってきている。これは、業界間のバラつき、企業間のバラつきが大きくなっていることを意味する。医薬や食品などの不況に強い業界もあれば、自動車や総合電機メーカーのように世界経済に翻弄される業界もある。また、小売業界のように、

業界内での企業間格差が広がってきており、ＲＯＡの標準偏差の増加によって、企業間での優劣がより鮮明になってきていると推測される。

さらに言えば、うまくやっている企業は、売上、利益が伸び、仕事が増え、ポストが提供でき、給料も多く支払うことができ、社員からの経営や会社に対する信頼感も高く、一体感のある企業経営を行い、そのことによって売上、利益がさらに上がっていくという正のスパイラルをつくり上げている。

一方で、売上、利益が伸び悩んでいる会社は、それゆえに、ポストが用意できず、給料も上げづらくなり、経営への信頼感も下がり、一体感も醸成できず、ますます売上、利益が出せないという悪循環になる。そのように、うまくやっている会社とそうでない会社の差がつきはじめていることが標準偏差の増加へとつながっていると推測される。そのことについては第三章で詳しく述べていく。

一体感のある共同体

「収益体質の改善を図りながら、日本的経営の良さである、一体感のある経営をどう行っていくのか」というのが、経営にとって大きな課題であり、「いい会社」を考えるうえで、キーとなる問いになる。

かつての日本の会社は、信頼感が醸成され、一体感のある共同体をつくり上げるために、上手に「終身雇用」「年功序列」を機能させていた。今後の経営を考えるうえでは、「終身雇用」「年功序列」という経営システムに関して、何が機能していて、何が機能していなかったのか、ということをもう少し整理しておきたい。

「終身雇用」は、アベグレンも言っているように、そもそも制度でなく、経営の姿勢（思想）である。個と組織で交わされていた暗黙の契約でもある。法や契約で縛られるものではない、しかし、雇用主は自由に従業員を解雇できるわけではない。旧来は判例であったが、労働基準法の改正により、解雇権の濫用《らんよう》は無効であることが明文化されている。

「終身雇用は終わった」というマスコミ記事は昔からあふれているが、実態は違う。雇用期間は、昔に比べて、むしろ長期化している。『平成一八年版国民生活白書』によると、五〇歳代の男性で二五年以上勤務している割合は、一九九〇年時点で四三・〇%だったのが、二〇〇四年時点では五一・二%と増えている。

一方で、個人側の意識も「長期雇用」に対してまんざらでもないと思っている。日本生産性本部『二〇〇九年度　新入社員意識調査』によると、就職した会社に「一生勤めたい」という回答は、二〇〇〇年の二〇・五%から〇九年五五・二%と増加傾向にある。

雇用される側は、一つの会社で働き続ける不自由さより、安心感を得たい傾向がみられる。同様に、雇用する側も、教育投資、忠誠心、一体感の醸成という観点で、長期雇用の経済的合理性はあると考えている企業も多い。業界や会社によっては「アップ・オア・アウト（昇進しなければ退職）」を実践している企業もあるが、あえて「長期雇用が前提ではない」と言う企業は少ない。

「年功序列」的な制度の実態

「年功序列」的な制度はどうだろうか。前述したように、「年功序列」的な制度が機能するためには、売上が伸びていることと人口構造の裾野《すその》が広いことが条件であった。日本全体を見ると、この二つの条件は一九七〇年代にはすでに破綻していた。破綻していたにもかかわらず、八〇年代から九〇年代にかけて、無理やり延命させていったがゆえに、さまざまな形で歪《ひず》みが出てきたと考えられる。

「年功序列」的な制度は、売上が伸びていることが前提になるので、自社で得意でない事業であるにもかかわらず、事業の多角化を行い、無理やり売上を伸ばしにいった。「年功序列」的な制度を維持したいが、総枠人件費をむやみに増やすわけにいかず、結果として、新入社員採用の凍結やフリーターの大量発生につながっている。そのような歪みを是正するために、「成果主義」的な人事制度が導入された。その運用において、評価の公平性、透明性、納得性がより問われており、各社、各現場で、苦労しながら、進めている。うまくいっているケースもあれば、うまくいかないケースも多々ある。

うまくいかなかったケースだけがマスコミで取り上げられ、「成果主義」はうまくいっていないという印象も与えている。実際には、たとえば労働政策研究・研修機構『経営環境の変化の下での人事戦略と勤労者生活に関する実態調査』(二〇〇七年)によると、「業績・成果主義」的な賃金決定方法は、不満者が納得者をやや上回るといった程度である。

変化の激しい時代において、知識、技術、スキルなどの能力は、陳腐化するスピードが早いと先に述べたが、ビジネス全般に必要な交渉力や説得力や課題設定力や状況判断力などのスキルは、経験年数によって培われていくものである。その能力を活用して、仕事で成果を上げていく。そのことを勘案すると、成果主義人事制度を行ったとしても、個人間の差はあるものの、年齢に応じて実力、実績は上がり、報酬も上がっていく結果になる。

つまり、組織全体の平均でみると、結果として「年功序列」的になってくる。実際、現実の年齢別の現金給与額を見てみると、男性の場合、五〇歳ぐらいまで昇給していくことがわかる。この傾向は、ヨーロッパでも同じである。

「年功序列」的な賃金制度は、売上拡大が前提条件であるので、日本全体として難しいかもしれないが、各社が売上を各社なりに拡大していけば、「年功序列」的な報酬は提供できる。たとえば、毎年三％人員を増やし、従業員平均で三％ずつ昇給するとした場合、六％程度の売上・利益を伸ばしていけば、「年功序列」的な運用はできる。

もっとも、環境が激変し続ける現在、長期的に売上・利益を継続的に上げ続けることと、実力や成果・実績が伴わない人に対する賃金支払いの非合理性とを考えたとき、実力主義、成果主義的な人事制度は、今後も基本であると考えられる。

ポスト不足の問題もまた、会社の成長率の問題にかかわる。中高年層の早期退職を促すか、役職定年を早めれば、成長率が低くてもポストを提供できるが、それが全体のモチベーション喚起にどれほど寄与するのかということをトータルとして考慮したほうがいい。

非金銭的なインセンティブが重要

昇進によるインセンティブは、成長率が低い企業においては、使いにくい経営施策になっているにもかかわらず、使わなければという固定観念にとらわれている企業もある。そのため、他の代替施策を考えていくことが遅れている企業も多いのではないかと推察される。なぜなら、多くの経営者や経営幹部自身が、昇進によるインセンティブによって動機づけされてきたことから、その動機を重んじる傾向にあると思われるからである。

今後の人口構成、日本経済の成長可能性を考慮すると、従業員のモチベーションを高め

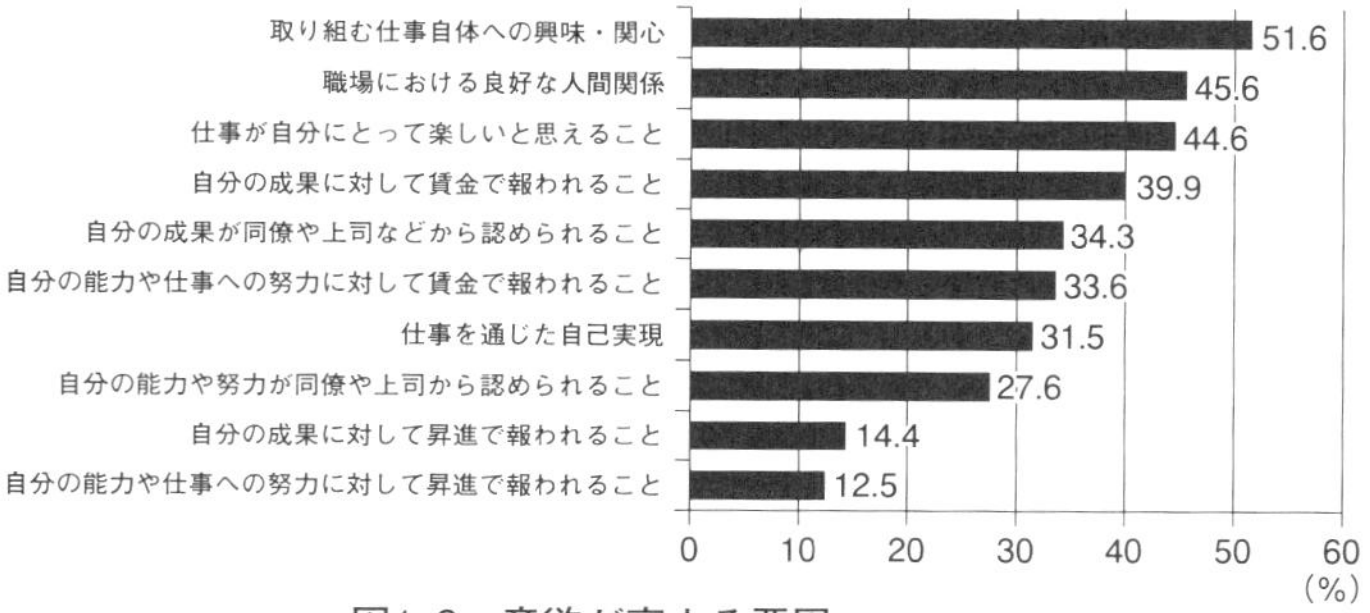

図1-9　意欲が高まる要因（複数回答）

出典：労働政策研究・研修機構『経営環境の変化の下での人事戦略と勤労者生活に関する実態調査』（2007年）

る施策として、金銭的報酬やポストはますます限定的になってくる。したがって、非金銭的な報酬の重要性は高くなっていくと予測される。

また幸いなことに、従業員の意欲が高まる要因（図1―9）は、「賃金で報われること（三九・九％）」もあるが、それ以上に、「仕事自体への興味・関心（五一・六％）」や「職場における良好な人間関係（四五・六％）」のほうが支持率は高く、「周りからの承認（三四・三％）」も比較的高く支持されているのが現実である。

「経営への信頼感」「仕事のやりがい」の長期低落傾向は、日本人が豊かになってきて、求める水準が高くなってきたと同時に、価値観や働き方が多様になってきたことが原因であるのは間違いない。しかし、そういう個人に対して経営側からの配慮、働きかけが相対的に少なくなってきたことが大きな原因になっていると推測できる。

日本全体として、高度成長経済から成熟、停滞経済へ移っていき、人口構成もピラミッド型からつぼ型、そして逆ピラミッド型へ移行してきたという構造的な問題により、経営側に余裕がなくなってきたことも事実である。

ポストがなくなってきたために、役割が不透明な副部長、担当部長、部付部長などを増やしていった。経営サイドとしては配慮したのかもしれないが、普通の人は、それが嘘か本物かぐらいはわかる。会社として自分を本気で必要としているのかどうか、本気で生かそうとしているのかどうか、ということを個人は敏感に感じとる。信頼感、やりがいの長期低落傾向の原因は、報酬の多寡《たか》や格差の問題ではなく、会社が一人ひとりの個人と、一人の人間として向き合ってこなかったことにあると思われる。

それに拍車をかけるような一九九八年以降の、リストラ、早期退職制度の実行、人事制度改革、事業の統廃合等の経営施策が「メンタル不全」「雇用不安」を生んできた。

かつて日本の企業は、高い給料は支払うことはできなかったかもしれないが、寮・社宅を用意し、手厚い教育研修を施し、家族を含めてのイベントを企画し、福利厚生施設を準備した。お仕着せの会社側からの配慮であったかもしれないが、働いている人は大切にされている実感を持つことができた。

だからといって、単に昔に戻せばいいかというと、そういう環境ではない。人口減少に伴い、国内の市場はしぼんでいる。その小さいパイをめぐって、競争は激化している。顧客の要望は高まっている。国内の雇用を守りたいと思っても、競争に勝つためには、工場、コールセンター、データセンターは海外へ動かさざるを得ない。景気動向に応じて、人も変動させていかなければならない。収益を出すためには、非正規社員の活用が必要である。

現代において、従業員は昔と同様の施策は求めていないが、会社から大切にされている実感は昔と同様に持ちたいと願っている。人として扱われたいと思っている。それが欠けてきたがゆえに、会社への信頼は下落し、働きがいは長期低落傾向にある。個人にとって、働きがいとは何かということを再考し、会社としてどんな施策がいいのか考えてみる必要がある。

次章では、個人の視点に立ち、働きがいの下落傾向と働きがいそのものについて、もう少し詳しく見ていこう。

第二章　働きがいを求めて

やりがいの源泉

月曜の朝、通勤電車の中。

働く人たちは、どういう気持ちで職場へ向かっているだろうか。

新しいプロジェクトに向けてワクワクした気持ち。

そりが合わない上司とのやり取りを思い出して憂鬱な気持ち。

あるいは、何か特別な思いがあるわけではなく、淡々とした気持ちで職場へ向かっている。通勤電車は、車両に乗っている人たちのそれぞれの気持ちを乗せている。

自分の一年間を振り返ってみる。

さまざまな気持ちで仕事に向かっていることがわかる。

やる気満々の日もあったが、とても会社に行く気になれないぐらい憂鬱な日もあったなと思い出す。

一年間ではなく、入社してからこれまでにおいて、仕事生活がどれだけ充実していたか振り返ってみる。起こることすべてが新鮮で、成長意欲もあり、充実した日々を送った時期もあれば、何をやってもうまくいかず、周囲の人ともうまくいかない辛い日々を送った時期もある。それは、単に仕事や職場関係だけではなく、病気、恋愛・結婚、出産・育児、身内の不幸のようなライフイベントにも左右される。

人それぞれ、多様な気持ちで仕事に向かっている。また、同じ人であっても、日によって、時期によって、いろいろな気持ちで仕事に向かっている。つまり、人々は多様であり、多様な動機で働いている。しかも、働き方の多様性に伴って、ますます多様化してきている。

しかし、「仕事のやりがい」は長期的に低下傾向が続いている。その理由としてはどんなことがあげられるだろうか。

社会全体としての目標あるいは希望の喪失によるやりがいの低下と考えることもできる。

「いい大学に入って、いい会社に入れば、毎年給料は上がり、仕事の幅も広がり、成長し、昇進していく」という、わかりやすい成功の方程式は、一九八〇年代から二〇〇〇年代にかけて徐々に薄らいでいった。

そのようなわかりやすい目標がなくなったことは、多くの人にとって、希望の喪失につながる。どこへ向かえばいいのか、何をすればいいのか。実際、二〇〇〇年代初め、「自分のキャリアは自分で考えてほしい」と会社がメッセージを出した時、多くの人はうまく考えることができなかった。そういう不安定な状況の中で、やりがいを喪失していった。

また、会社への信頼の喪失がやりがいの喪失につながったとも考えられる。第一章で見てきたように、一九九〇年代のバブル崩壊以降に行ったリストラ、人事制度の変更、採算の合わない事業の売却、コンプライアンスをはじめとした管理強化で、会社と個人の間にあった「信頼感」が壊れ、「やりがい」を失わせていったという解釈もできる。

さらに、非正規社員の増加が「仕事のやりがい」の低下傾向を促進させたという解釈もできる。

総務省「労働力調査」によると、一九八四年に一五・三％だった非正規社員の比率が二〇〇八年には三四・一％まで上昇している。一般的に、非正規社員の仕事に対するやりがいは、正規社員に比べて低いと言われている。そのことは、「仕事のやりがい」の長期低落傾向を説明するのに有力である。

一九八〇年代から二〇〇〇年代にかけて、生活全体の満足度は、あまり変化していない。そのことを鑑《かんが》みると、仕事そのものの生活全体に占める割合が下がってきたということも言えるだろう。それは、仕事そのものに期待をしていない、あるいは、仕事にやりがいを求めない層が増えていったということである。

人々の欲求水準、願望水準が高まったことに起因して、仕事のやりがいが相対的に下が

った と考えることもできる。

社会が豊かになれば、何に対しても期待水準や願望水準が上がる。物質的な豊かさは、万人にわかりやすく提供しやすいが、心の豊かさは、人それぞれだ。仕事の場面でも、金銭的なものよりも、承認、帰属意識、自己効力感、成長感といった情緒的なものを求めるようになる。そのような多様な働く動機に、会社が十分に対応できていないと考えられる。

いずれにせよ、「仕事のやりがい」は長期低落傾向にある。働く人たちは、仕事や会社に求めすぎているのかもしれないが、はっきりと言えるのは、それに対して、会社が十分に応えられていないという事実である。応えなくてもいいと思っているかもしれないが、経営する側の進化が働く側の進化に追いついていないとも言える。あるいは、個人が持っている複雑性、多様性に、会社の施策は後手に回っているとも言える。

それに付け加えて、働いている会社に対して、会社の存在意義、社会的価値、社会的責任というものへの関心も高まっている。業績圧力が強い中、正しくないやり方で、業績を上げようとすることに対して、従業員は厳しい目を持つようになっている。食品業界に起きた一連の偽装工作の多くは、内部告発によって表沙汰になっている。そのことを考えると、会社の経営は、正しく利益を上げていかなければならない状況になっている。また、その正しさのレベルは、地域貢献、環境問題などのCSR（企業の社会的責任）まで視野に入れる必要があり、年々、高まっていっている。

同じような構図は、消費者と企業の間でも起こっている。ネットの発達によって、消費者はとてつもなく賢くなりつつある。自分に合った自分の欲しいものをネットで世界中くまなく探し、最も安い値段で買うことができる。買う前に、商品の評判を知ることができる。

そういう消費者を相手に、企業は努力を積み重ねる。安い材料を世界中から調達し、最も効率のいい開発・生産・販売のバリューチェーンを考えていく。グローバル競争の中で、他社に模倣されないものを継続的につくっていく。そういうことが企業に求められる。そういう努力を積み重ねた企業だけが生き残り、そうでなければ生き残れない、厳しい経営環境になっている。

ポスト資本主義という観点での「仕事のやりがい」

一八世紀半ばのイギリスにおける産業革命以来、資本主義の歴史の中で、現代ほど「人」に依存した時代はない。一九七〇年代前半までは、日本でも、土地があり、工場があり、機械があり、大量生産ができれば、企業は儲けることができた。ただ、そこには、安い労働力があることが条件であった。実際、戦後日本は、農村に余っていた人を安く採用することによって高度成長を実現していった。都市人口は、戦後すぐの三〇%台から七〇年代前半には七〇%を超えるようになっていった。しかし七〇年代前半から、日本の農村に滞留していた過剰な人口は枯渇していった。結果として、賃金は上がり、世界市場における価格による優位性は小さくなり、高度成長も終わりを告げることになった。

一九七〇年代以降、利益を上げるためには、たゆまざるコスト削減、生産性の向上とともに、品質の向上、画期的な商品の開発が必須になった。そのために必要なものは、人の知恵である。そういう時代を、レスター・サローは「人間主体の頭脳産業の時代」と言い、そういう社会を、ドラッカーは「ポスト資本主義社会」、ダニエル・ベルは「脱工業社会」、堺屋太一は「知価社会」と呼び、そこで活躍する人を、ロバート・ライシュは「シンボリック・アナリスト」、ドラッカーは「知識労働者」、リチャード・フロリダは「クリエイティブ・クラス」と言った。

さまざまな呼び方があるが、「大量生産・大量消費する社会」から、「消費者主体で多様性に富んだ社会」「情緒的で、物語性があり、目の肥えた本物志向であると同時に、コスト・パフォーマンスをシビアに計算し、機能を重視する消費者が存在し、それに応えていかなければ企業は生き残れない社会」への移行である。

ある百貨店の経営者は、従業員教育に関する筆者の質問に対して、以下のように語った。

「月並みの言葉ですが、お客様はすごい勢いで多様化しています。ジーンズの種類も、一〇年前は数種類あれば、ニーズにお応えできていたのですが、いまでは、扱っている種類は優に一〇〇を超えています。また、要求水準も高度になってきました。お客様は、お休みには、ニューヨークとかパリに行っています。そういうところの高級店で、流行《はや》っているものを見ているわけですから、目が肥えています。同じ知識水準を店員に要求しますし、品揃えも合わせなければいけません。そうすると、従来の従業員教育では追いつけないですね」

また、ある旅行代理店の経営者は、他社との差別化に関する質問に対して、以下のように語った。

「われわれの競合相手は、他の旅行代理店ではありません。高級ブティックであり、高級ホテルです。お客様は、高級な接客に慣れています。その基準で、私どもの販売員を見ています。単にホスピタリティが高いだけではなく、気持ち良くお買い上げいただく接客が必要になってきます。また、単なる旅行を売るのであれば、他社と差別化できません。お客様一人ひとりに応じた夢、人生の一ページとなるような物語を売ることが求められています」

百貨店の店員、旅行代理店の販売員、両者に高度なレベルが求められている。接客マニュアルを詰め込み、つべこべ言わずに働くことを求め、たくさん売れば歩合が上がるよ、という管理手法では成果は上げられない。店員、販売員の「やりがいの源泉」を見きわめ、仕事の意味づけを行い、店員、販売員一人ひとりが描いているキャリアとその仕事の関係づけが必要になってくる。

実際、その百貨店で成績のいい店員は、夏休みなどの長期休暇を利用して、パリやニューヨークへ旅行に行く。そして、高級店や流行りの店はくまなく覗《のぞ》く。半分は趣味であるが、半分は仕事である。そのお店に来ている顧客は、パリやニューヨークにショッピングに行っているような顧客である。その顧客に接する店員は、少なくとも同じような体験をしていなければ、顧客との会話が成立しない。そのような努力は、店員本人が心から仕事を好きでないと自然にできない。店としては、そういう人を採用しないといけない。そういう時代である。

クリエイティブ・クラスのマネジメント

リチャード・フロリダは、『クリエイティブ資本論』で、クリエイティブ・クラスの台頭について述べている。

私たちは「情報経済」や「知識経済」を生きていると言う者は多いが、それよりも根本的に正しいのは、この経済は人のクリエイティビティによって動いているということである。クリエイティビティ（中略）は、いまでは競争優位の決定的な源泉である。自動車からファッション、食品、情報科学そのものまで、ほぼすべての分野の勝利者は、長期的に見て何かをつくり出せる、つくり続けられる人たちである。

（『クリエイティブ資本論』リチャード・フロリダ）

フロリダによれば、クリエイティブ・クラスに属する人は、科学、エンジニアリング、建築、デザイン、教育、芸術、音楽、娯楽、金融、法律、医療関係に従事している人で、何かをつくり上げることで報酬を得ている人である。米国をはじめとする先進国の労働者のうち三割がクリエイティブ・クラスであり、その割合は、一九八〇年代以降、大幅に増加している。

クリエイティブ・クラスは、金銭的な動機というよりも、むしろ内発的動機によって働いている。ここでいう内発的動機は、「ワクワクするようなプロジェクト」「卓越した技術が求められる仕事」「自分のアイデアが生かせる仕事」である。それは「仕事のやりがい」でもある。そのようなやりがいを促進するものは、職場環境、ドレスコード、時間、仕事のやり方の「柔軟性」、そして「仲間うちからの評価」である。

クリエイティブ・クラスの人たちのマネジメントは難しい。機械的な行動管理は馴染まない。

たとえば、新規事業開発という仕事を考えてみる。新しい事業のタネは、どこに落ちているのかわからない。いつ閃《ひらめ》くのかもわからない。行う事業がわかっていたとしても、いままでやったことがないことをやる以上、それがどのくらい時間がかかるかわからないし、どのくらいの売上が妥当なのかわからない。ましてや、そこで働いている人に対して、どのような目標を設定し、どのように評価すれば公平感があるのか見えない。

わかっていることといえば、成功するために、試行錯誤し、実験を行い、形式的にならずに、多様な考えを受け入れるような環境が必要であるということ。そこでの経営の仕事は、信頼できる人材を配置し、鼓舞し、辛抱強くコミットしていくしかない。

一九九〇年代、ブラザー工業は、情報通信機器事業に本格的に乗り出した。ミシンからタイプライターへ主力製品を移してきたが、いずれワープロ、パソコンに取って代わられる。

情報通信機器事業へ大きく舵《かじ》を切らなければならなかった。しかし、ヒット商品が出るまで赤字が続き、社内の既存事業の幹部からは「撤退すべきだ」という声が上がった。

当時社長であった安井義博氏は、情報通信機器事業を既存事業から隔離し、「燃える集団」に変えていった。信頼できるリーダーとともに、多様な人材を集め、切磋《せっさ》琢磨《たくま》させ、必要な資金、設備を注入していった。皆が燃える挑戦的なテーマを社長自ら設定し、鼓舞していき、あとは信頼して任せていった。

新規事業の開発は、特殊な例かもしれないが、クリエイティブ・クラスのマネジメントに、伝統的なマネジメント方法は適していない。クリエイティブな仕事は反復作業でないため、過去のメジャーでは測定できない。測定できないものはマネジメントしにくい。また、大部分が頭脳労働であるために、マネジメントする側は何を行っているのか見ることができない。パソコンに向かっているのはわかるが、創造的な仕事をやっているのか、何も考えていないのかわからない。

マネジメントできないのをいいことに、ネットサーフィンをしてサボっているかもしれない。サボらないように、過度に管理しようとすると、クリエイティブ・クラスの人たちは反発するし、やる気をなくす。せっかくいい仕事をしようとしていたのに、信頼されていないんだと感じたら、終わりである。やる気が失せるのである。経営からみると厄介である。

知識労働者のマネジメント

ドラッカーは、肉体労働者との対比で、「知識労働者」という言葉を使う。

二〇世紀の偉業は、製造業における肉体労働の生産性を五〇倍に上げたことである。続く二一世紀に期待される偉業は、知識労働の生産性を、同じように大幅に上げることである。

二〇世紀の企業における最も価値のある資産は生産設備だった。他方、二一世紀の組織における最も価値のある資産は、知識労働者であり、彼らの生産性である。

（『明日を支配するもの』ドラッカー）

知識労働者の生産性に関しての研究は、まだ始まったばかりである。肉体労働者に対するものとはまったく違う。肉体労働では、仕事の目的は決まっているが、知識労働の場合、目的から考え、その目的に沿って仕事をデザインしていく必要がある。また、知識労働者は、自分の仕事に関して、自分の上司より詳しいことがある。逆に、詳しくなければば、知識労働者になれない。

そのような知識労働者に対して、ドラッカーは、「オーケストラの指揮者のようにマネジメントしなければならない。あるいは、仕事そのものから満足が得られるようにマネジメントしなければならない。ボランティアの人たちに動機づけるようなものである」と言っている。

もちろん「知識労働者」「肉体労働者」という概念に関しては、日米差を考慮する必要がある。米国の自動車メーカーは、工場現場で従業員がなしうることをきわめて限定的に見ている。品質や効率は本社のホワイトカラーが考えることであって、現場のブルーカラーが考えることではないと思っている傾向がある。かつて、ヘンリー・フォードは、「手を貸せと言ったら、どうしていつも頭がついてくるんだ」と不満げに言ったといわれている。ブルーワーカーの知性をまったく信じていなかった。

それに対して、トヨタの工場では、終わることのない改善を現場の従業員が行っている。米国で言うところの、手を動かすだけの肉体労働者と見るのではなく、一人の人間として、現場の従業員を見て、その知性を信じ、変革推進者に育てていったのである。工場現場の知識労働化である。そして、まさにそれが圧倒的な競争優位性につながっていった。

そう考えていくと、日本における知識労働者あるいはクリエイティブ・クラスは、科学者、エンジニア、医療関係者、法律関係者、デザイナーのような特別な職種だけでなく、多くのホワイトカラー、工場の工員、販売員、サービス業関連の人、農業従事者といった職種も潜在的に入ってくる。逆に、人材が唯一の資源である日本にとって、働いている人を知識労働者に変えていき、あらゆる面での付加価値化を図っていくことがグローバル競争で生き残る道と考えられる。

そのように考えていくと、知識労働者の生産性の向上ならびに知識労働者のやりがいの源を探り、そのやりがいを高めていくマネジメントがますます重要になってくる。

X理論とY理論

一九五〇年代半ば、アンティオーク大学総長を務め、マサチューセッツ工科大学に戻ってきたダグラス・マグレガーは、一〇〇〇名以上の経営幹部にインタビューを行った。そのインタビューの中で、「効果的に人を使うためには、どういうやり方が一番いいのか」と問い続け、その研究から、経営学の古典『企業の人間的側面』が生まれた。

「どうすれば効果的な人の使い方ができるか」という問いは、「人のマネジメント」に関する核になる問いである。マグレガーは、その答えを探っていくうちに、多くの経営者の人間観が偏っていて、科学的根拠の低い人間観を持っていることに気がついていった。その人間観がX理論である。

X理論は、以下のような人間観に基づくものである。

①普通の人間は生来仕事が嫌い。
②たいていの人間は、強制されたり、統制されたり、命令されたり、処罰するぞとおどされたりしなければ、企業目標を達成するために十分な力を出さないものである。
③普通の人間は命令されるほうが好きで、責任を回避したがり、あまり野心を持たず、何よりもまず安全を望んでいるものである。

X理論は、当時の米国の経営者において支配的であった。その反動として、温情主義的経営が流行したこともあったが、温情主義で経営を行っても、企業が健全になるわけではないこともわかってきた。そのあたりを踏まえたうえで、マグレガーはY理論を提示した。

①仕事で心身を使うのは当たり前のことであり、遊びや休憩と変わらない。

②人は自分で進んで身を委ねた目標のためには自ら自分にムチ打って働くものである。
③献身的に目標達成に尽くすかどうかは、それを達成して得る報酬次第である。
④普通の人間は、条件次第では責任を引き受けるばかりか、自ら進んで責任をとろうとする。
⑤企業内の問題を解決しようと比較的高度の想像力を駆使し、手練を尽くし、創意工夫をこらす能力は、たいていの人に備わっているものである。
⑥従業員の知的能力はほんの一部しか生かされていない。

X理論では、会社の業績が上がらないと、従業員が原因とみる。それに対しY理論では、その問題をすべて経営者が原因とする。経営者の人の使い方が下手だったということである。

マグレガーは、上司と部下の依存度に注目していた。上司は異動や解雇あるいは評価の権限を持っているが、部下はやめること、仕事をサボること、上司の足を引っ張るように動くことができる。それゆえ、上司と部下は互いに依存している関係性にある。しかもその関係性は、動的である。部下がまだ仕事がうまくできていないときには、強い要望が業績につながるが、部下が成長し、部下の専門性のほうが高くなっていくと、違うマネジメントが必要になってくる。

マグレガーは、Y理論を適用することによって、従業員がバラバラに好き勝手に仕事をすることを恐れた。ゆえに、企業が目指す目標と個人の目標を統合していくことに、多くのページを割いている。目標の統合ならびに目標による管理は、一九五〇年代に一世を風《ふう》靡《び》したドラッカーの影響であった。

Y理論のほうが正しいように思えるし、そう願いたいが、実際問題として、私たちの思考・行動・性格はX理論的な要素も混じっている。しかもそれは、仕事の難易度、上司からの期待度、個人の成熟度、個人の志向・嗜好、個人の性格によって、大きく左右される。それに付け加えて、仕事は、より小さな単位のタスクの積み重ねで成り立っている。

営業という職種をとっても、アポイント取り、飛びこみ、資料作成、プレゼンテーション、クロージング（契約締結）、フォローの電話・手紙書き、説得、伝票書き、営業計画作成というように、さまざまなタスクで仕事が成り立っている。その中には、喜んでできるタスクもあれば、人に言われて渋々やるタスクも含まれる。

中学校や高校に放課後に行ってみる。そこでは体育会系クラブの生徒が練習をしている。よく見ると、生徒たちはサボっている。一から十まで真剣にやっていたら疲れるから、手抜きをしている。コーチから罵声が飛ぶ。ピリッとしまるが、数分後、コーチが目を離せば、サボりが始まる。

残念ながら、人はそんなに強くない。だから、一人でなく、グループの助けを借りながら、仕事を進める。仲間からの承認や上司からの奨励があって、何とかやっていける。時に、仕事にのめり込むこともある。夢中になり、新たなものを創造していく。仕事の醍醐《だいご》味《み》であるが、人によっては、そんな頻繁にのめり込めるものではない。

ドラッカーもマグレガーも、Y理論を大々的に推奨していったが、その後、マズローにその間違いを指摘された。「マネジメントのやり方は、その対象と時期によって異なるべきだ」と。

マズローのZ理論

アブラハム・マズローは、自らが開拓した人間性心理学という分野で、多岐に及ぶ調査、研究を行っている。その中で最も有名なのが、生理的欲求→安全欲求→所属と愛の欲求→承認欲求→自己実現欲求という「欲求段階説」ならびに動機づけ要因の最高位に位置する「自己実現」という概念である。そのマズローがマグレガーのX理論、Y理論の延長線上に、Z理論の研究を行っていたことは意外と知られていない。

マズローは、自己実現者を二つのカテゴリーに分けた。一つは至高体験をしていない自己実現者。もう一方は至高体験をしている人たちである。

前者は、現実世界を生き、その中で自己を実現している。行動的であり、実際的であり、現実検証、現実認知に優れている人である。そのような人間を前提にしたのがY理論である。

一方、後者の人間観に基づくものがZ理論である。前者に比べて、後者は、より本質的な価値の次元で生きており、高次の欲求で動機づけられている。たとえば、完全性、真、善、美などが主要な動機である。謙虚さ、無知の意識、ちっぽけな自己、宇宙の巨大さを前にした畏怖《いふ》の念を持っている。多くの子どもは、そういう感覚を持っている。そして、大人になるにつれて、その感覚は失っていく。しかし大人になってもその感覚を維持し続け、至高体験を経験している人はいる。

そういう感性を、『沈黙の春』を書いたレイチェル・カーソンは、「センス・オブ・ワンダー」と呼んだ。「神秘さや不思議さに目を見張る感性」、次世代に残しておきたい「かけがえのないもの」という意味である。カーソンは、この感性を、大人になり、日常に埋没すると起こる倦怠《けんたい》、幻滅、人工的快感に対する解毒剤であるとしている。

マズローは、あくまでも人間の可能性、素晴らしさを広げるための思想活動を行っていた。

企業活動は、人間の可能性を広げる活動であるとともに、人間の可能性やその崇高な志を阻害するものともみていた。Z理論を体現している人を、特権、ぜいたく、搾取、地位、支配する力から分離し、育てていくことを提言している。そして、Z理論体現者に、金銭的な報酬を多くしないよう訴えている。

Z理論体現者は、特別な人ではない。詩人や宗教家、芸術家、アスリートもいるが、経営者、科学者、技術者、サービス業に従事している人、職人、ブルーカラーにもいる。寝食を忘れ、我を忘れ、何かに没頭できる人たちである。そのような人が、新しい何かを創造し、組織を改革していき、時代をつくる。そういう人たちを、組織や上司のつまらないエゴでつぶさないようにしなければならないとマズローは注意を促している。

Z理論に関するマズローの研究方法は、興味深い。専門家、管理職、行政官、平和部隊、軍隊、肉体労働者に関する求人広告を集め、その広告表現を分析していった結果、楽しい職場の仲間、明るい職場環境、挑戦、成長、自由、責任、人類や社会に対する貢献のように、高次の欲求が、応募者を引きつける魅力になっていることに気づいたのである。

一九一〇年代、英国で南極探検隊を募集した新聞広告が想起される。

求む男子：危険な旅。微々たる報酬、極寒、完全な暗黒の長い日々、不断の危険、安全な帰還の保証無し。成功の際には名誉と知名度を手にする。

求人広告史における、輝く金字塔である。金銭的な報酬、職場環境、職場の安全性はないが、高次の欲求を突き動かす求人広告である。実際に、五〇〇〇名を超える応募があったと言われている。

意味のある仕事、意味のある存在

心理学者ヴィクトール・E・フランクルの著書『夜と霧』によると、アウシュヴィッツ強制収容所においては、一九四四年のクリスマスから四五年の新年の間の週に、かつてないほどの大量の死者を出した。大量死の原因は、労働条件の変化でも、食糧事情でも、季節の変化でも、伝染病の影響でもない。クリスマスには家に帰れるという素朴な希望にすがっていた被収容者の落胆と失望が病気への抵抗力を失わせていったのだ。

強制収容所の人を精神的に奮い立たせるためには、未来に目的を持たせる必要があった。ニーチェの格言が的を射たものであった。

なぜ生きるかを知っている者は、どのように生きることにも耐えることができる。

収容所で生きるためには、生きる目的を絶えず意識させ、収容所生活のおぞましさに耐えられるようにしなければならなかった。逆に、生きる目的を失ったものはあっという間に崩れていった。

人の主な関心事とは、喜びを得ることでも、痛みを避けることでもなく、自らの人生に意義を見出すことにあるとフランクルは言う。

フランクルは、マズローの欲求段階説を否定している。強制収容所での状況、あるいは死の床についている人こそ、生きる意味を考え、求めるのである。つまり、低次の欲求が満たされているから高次の欲求が満たされるのではなく、低次の欲求が満たされなかったとしても、生きる意味を問い、自分らしく生きることを考え、高次の欲求を求めるということである。

一方で、人は、低次の欲求が満たされれば、自然と高次の欲求を求めに行くのも事実である。

先進諸国に属する私たちは、豊かな時代に生きている。歴史上初めて、ほとんどの人が飢えから解放されている時代に生きている。低次の欲求が満たされている時代である。実際ほとんどの人が、物質的な豊かさより心の豊かさに重きをおいており、その傾向は年々高まっている。誰もが、生きる意味、働いている意味を普通に問う時代になっている。

働きがいのある会社

こうした時代における「働きがいのある会社」とはどのような会社だろうか。

米国にGPTW（Great Place to Work Institute）という調査・コンサルティングの研究所がある。同社は、一九九八年から毎年、米経済誌フォーチュンに「働きがいのある会社ベスト一〇〇」を発表している。

GPTW創設者であるロバート・レベリングは、かつてジャーナリストだったときに、「働きがいのある会社」を研究するために、延べ七年の歳月をかけて全米の企業数百社を訪問し、数千人の従業員にインタビューした。レベリングは、最初、働きがいのある会社は、オフィス環境が良く、給料がいいところではないかという仮説を持っていた。

しかし、インタビューを続けていくうちに、その仮説は間違っているわけではないが、それよりも大切なことがあることに気づいていった。

働きがいのある会社は、「従業員が勤務している会社や経営者・管理者を信頼し、自分の仕事や商品・サービスに誇りを持ち、一緒に働いている仲間と連帯感を持てる会社」。より簡単に言うと、「従業員と会社・経営層との間に信頼関係が築かれた会社」である。

ロバート・レベリングが取材、調査した内容は、一九八四年に『Best Company to Work for in America（働きがいのある会社）』という書籍にまとめられ、米国でベストセラーになった。

その後、「働きがい」度を測定するフレームと設問項目を作成し、多くの企業で、実際にその調査を行ってもらった。設問項目は、膨大なインタビューがベースになっており、実際に、その生の声が項目として反映されている。

ＧＰＴＷの活動は、米国にとどまらず、ヨーロッパ、南アメリカ、オーストラリア、アジアへ展開され、世界四〇ヵ国において「働きがいのある会社」調査が実施され、「働きがいのある会社」を求める人々から常に大きな注目を集めている。アジアでは、一九九六年の韓国を皮切りに、二〇〇三年にインド、〇七年に日本で調査が実施されている。

日本では、ＧＰＴＷジャパンが調査、コンサルティングを行っている。初回の「働きがいのある会社」調査は、六二社が参画し、アンケート結果を点数化し、スコアが高い二〇社を「働きがいのある会社」として発表している。

参画企業のアンケートは二種類に分かれる。

一つは、社内制度や企業文化に関する会社への調査である。業績や従業員数、男女の比率、賃金、福利厚生といった基本データに加えて、経営理念や社内コミュニケーション、

順位	2007年	2008年	2009年
1	リクルートエージェント	マイクロソフト	モルガン・スタンレー証券
2	モルガン・スタンレー証券	ソニーマーケティング	リクルートエージェント
3	マイクロソフト	モルガン・スタンレー証券	マイクロソフト
4	日本イーライリリー	リクルートエージェント	ワークスアプリケーションズ
5	日本ヒューレット・パッカード	アサヒビール	アメリカン・エキスプレス・インターナショナル
6	ベンチャー・リンク	堀場製作所	インテル
7	三井不動産販売	日本郵船	日本イーライリリー
8	アストラゼネカ	キッコーマン	アサヒビール
9	堀場製作所	日本ヒューレット・パッカード	東京海上日動システムズ
10	アサヒビール	アルバック	キッコーマン
11位〜25位（五十音順）※2007年は20位まで	インターネットイニシアティブ	アストラゼネカ	アイ・ティ・フロンティア
	SAPジャパン	INAX	アルバック
	カゴメ	インターネットイニシアティブ	SAPジャパン
	サイバーエージェント	SAPジャパン	カゴメ
	新日本石油	カゴメ	サイバーエージェント
	テルモ	サイバーエージェント	ディスコ
	東京スター銀行	東京スター銀行	東京スター銀行
	東陶機器	日本イーライリリー	日本オラクル
	東洋紡績	日本オラクル	野村総合研究所
	バンダイ	野村総合研究所	堀場製作所
		ベンチャー・リンク	マルホ
		マクニカ	三井住友銀行
		三井住友銀行	明光ネットワークジャパン
		良品計画	良品計画
		ワークスアプリケーションズ	ロート製薬

表2-1　日本における「働きがいのある会社」

社員の能力開発、報酬制度、ワークライフバランス、ダイバシティ施策などの会社の考え方や施策・制度の具体的な内容を聞く。

もう一つは、従業員向けのアンケートである。こちらは五七の設問と二つの自由記述から成り立つ。内容は、経営者や管理者層の姿勢と行動、仕事や会社に対する誇り、職場の連帯感などである。従業員アンケートの対象者は、GPTWジャパンが指定した方法で各社において無作為に選ぶ。企業規模にもよるが、その数は三〇〇〜五〇〇人。その二種類のアンケートを、GPTWジャパンと大学教授、企業人事部長経験者などからなる評価委員会が検討し、点数化する仕組みである。

表2‐1は、日本における第一回（二〇〇七年）から第三回（〇九年）アンケートのランキング結果である。各社の顔ぶれを見たときに、財務的業績面でも優良企業であることが認識できる。

米国での「働きがいのある会社」

実際、米国に「働きがいのある会社」と財務的業績に関する興味深い分析がある。
米国のRussell Investment Groupは、「働きがいのある会社ベスト一〇〇」に入っている株式公開企業の株価の推移を検証した。それらの企業の株価上昇率は、S＆P500（スタンダード＆プアーズの代表的な株価指数）やRussell 3000（ラッセル・インベストメント・グループの代表的な株価指数）のような主要な株価指数をはるかに凌駕《りょうが》し、投資収益率がきわめて高いことを明らかにしたのである。
Russell Investment Groupでは、「ベスト一〇〇」の株価上昇率の算出のために二つの方法を使った。一つは、「ベスト一〇〇」に含まれる株式公開企業に投資し、年末に一旦清算し、その売却代金を翌年の「ベスト一〇〇」に含まれる株式公開企業に投資するという「リセット型」。もう一つは一九九八年最初に発表になった「ベスト一〇〇」に含まれる株式公開企業に投資し、それらを清算せずに保有し続けるという「バイ・アンド・ホールド型」。

検証の結果、一九九八〜二〇〇六年の「ベスト一〇〇」の株価上昇率は、「リセット型」で一四・一六％、「バイ・アンド・ホールド型」で一〇・六五％。同期間のS&P500の五・九七％、Russell 3000の六・三四％を大きく上回った。

「働きがいのある会社」の調査は、「会社・経営層と従業員の信頼関係」を中心に調べ、高い信頼関係が築かれている会社を評価している。それにもかかわらず、「働きがいのある会社」は株価上昇率が非常に高く、財務的な面でも優良な会社である。

米国で、「働きがいのある会社ベスト一〇〇」に一九九八年の第一回から二〇〇八年まで一一年連続で入っている会社は一四社ある。そのうちの一社がSASインスティチュートである。


「会社に満足している社員が、その会社の製品やサービスに満足する顧客をつくる。株主や短期的な指標の圧力に左右されずに、長期的な視野に立った経営を実現してきました。二〇〇一〜〇二年のIT（情報技術）バブル崩壊の時も、一人もレイオフをしませんでした。それでも三三年間増収増益を続けています」と同社CEOのジム・グッドナイトは語る。

（『日経ビジネスマネジメント』Autumn 2009）

同社の給与水準はそれほど高くない。しかし離職率は、ＩＴ業界の平均二〇％以上に対して三％程度である。従業員はそれこそ働きがいを持って仕事に臨んでいる。同社を訪れた人がびっくりするのは、従業員がＳＡＳの素晴らしさを語りたくて仕方がないということである。

ジム・グッドナイトは、従業員が最も働きやすいように奉仕するのが自分の役割であると、それだけを考えている。なぜなら、会社の中で、最も重要で、かけがえのないものは、一人ひとりの従業員の頭の中にある知的資産であり、それを長期間、大切に確保するのがトップの仕事であると信じているからである。

二〇〇四年、ジム・グッドナイトは、ハーバード・ビジネススクールから「二〇世紀の最も偉大な米国人ビジネスリーダー」の一人に選ばれた。

働きがいを求めて

人は、食うために働き、働くために食う。

衣食住を確保するために、生きるために、働く。家族を養うために働く。

それが働く動機のベースである。

食うために働くことはわかりやすいが、それだけで働くことは辛い。

人が最も辛いのは、意味がわからない仕事をすることである。午前中は穴を掘り、午後は掘った穴を埋める。そこに意味を持たせることができなければ、継続して働くことは難しい。苦役《くえき》である。

穴を掘り、穴を埋める仕事であるが、それがメタボ対策であったり、ダイエットであったり、筋肉増強のためと言われるとどうだろう。やる気は変わってくる。

穴を掘る時間をチームで争ったら、どうだろう。そのために各チームは作戦を練ったり、チームメンバーを励ましたり、チームメンバーがサボらないように監視したりするだろう。

穴を埋める時間によって、褒美が違えばどうだろう。やはり作戦を練ったり、メンバーを励ましたり、頑張ったメンバーを表彰したり、褒美の分け前をたくさん与えたりするだろう。少なくとも、意味がわからず働いているよりも、生き生きと働いているだろう。

人は弱い。人から励まされたり、人から認められたり、尊敬されたりすれば、頑張ろうと思う。しかし、働く意味がセットされていることが前提条件となる。働く意味を明確に意識して働いているケースもあるが、明確でないケースも多い。

たとえば、先輩がいるし、有名企業だからという理由で就職する。とりあえず頑張ろうと思うが、なぜこの仕事なのかという説明はできないことも多い。あるいは、人に説明はできるのだが、本当にそうだろうかと疑問に思っている。

しかし、やり始めて、何かを達成すると、周りも褒めてくれるし、顧客も喜んでいる。成長実感も湧いてくる。最初、面白くなかった仕事が面白くなってくる。昨日までできなかったことができるようになってくる。学びながら、給料ももらえるようになる。

昨日よりもうまくなりたいというような、内から湧いてくる内発的動機も、うまくやれると褒められるというような、外発的動機も入り混じりながら、日々、仕事に向かう。人から感謝される。人の役に立つ。社会に役に立っている実感を持つ。生きている喜びを味わいながら、働いていく。X理論、Y理論、Z理論それぞれの側面を人は持ち、仕事をしていく。

どんな仕事であってもそこに意味を見出し、やる気満々で仕事を行う人が一定割合でいる。そういう人ばかり採用できれば、その企業は優位性を築ける。しかし、そういう人ばかりが採用できるわけではない。現実を見ると、多くの従業員がやる気満々で働いている会社もあれば、やる気が見られない会社もある。前者が「働きがいのある会社」である。「働きがいのある会社」はそもそも人を大切にしている。そして、さまざまな経営の工夫をしている。新入社員を歓迎し、経営者からの語りかけがあり、経営者との対話の機会を頻繁に持つ。業績が高い社員を表彰し、社員のライフイベントに配慮する。また、成長の機会を与え、互いの成長を称《たた》える。社員一人ひとりに向き合い、一人の人間として扱う。社員は、その企業に属する存在意義を見出し、自ら働く意味づけを行う。

一九五〇〜六〇年代、欧米に追いつくために、日本国民は総動員でがむしゃらに働いた。総合商社で米国に行った人は、日の丸を背負って、外貨を稼ぎに行った。働くことの意味づけはそんなに難しくはなかった。欧米に追いつくこと、所得を増やし、車や家を買うこと、それだけで懸命に働けた。

米国資本のあるメーカーのメキシコ工場で、優秀なメキシコ人に、「おまえは優秀だから、時給を倍に上げよう」と米国人マネジャーが言った。翌日、やる気満々で来ると思われた優秀なメキシコ人が現れたのは、午後になってからだった。「何でこんなに来るのが遅いんだ」と聞いたところ、「時給が倍になったんで、働く時間を半分にします」とのことだった。

アリストテレスによれば、人生を仕事に捧げる人は「生きることにだけ熱心で、より良く生きることに無頓着だ」ということだ。

ジャン＝ジャック・ルソーは、怠惰であることが人間の自然の姿であると主張した。

生きる国や生きる時代が違えば仕事観も変わる。そこには絶対的なものはない。ゆえに、働く意味は、時代や倫理や文化に左右される。

現代の日本において、総じて「仕事へのやりがい」は下降傾向である。そのことはやはり大問題だ。人生の多くが、働くための準備の時間であり、働く時間であるからだ。企業にとっても大問題だ。やりがいが業績に影響するからだ。

そのことに気づき、やりがいを喚起するために、経営努力している会社もあるが、多くの会社では、気づきもしていないし、経営努力もしていない。人の知恵が大事な時代に、人を大切にしている会社とそうでない会社において、格差が起きはじめている。知識労働者を信じ、知識労働者の創造性を信じ、その潜在能力とやる気を引き出すことに懸命な努力を行っている会社が優位な時代になってきている。

そもそも、いい大人は、人に言われて引き出されるようなやる気では長続きしない。いい大人は、管理されたくないし、誰かに操られていることを嫌う。その会社が行っていることや理念やスタンスに共感して、上手に自分で意味づけをして、人は働く。働きがいのある会社は、結果として、働くことに関して、上手に意味づけさせてくれる会社でもある。

次章では、実際の「いい会社」では、どのようなことが行われているのか、どういう特徴を持っているのか、ということを探索し、企業の視点として、個と組織の関係性について探っていく。

第三章　「いい会社」が行っていること

「いい会社」とは

「働きがいのある会社」では、経営と働く人の間の「信頼」というのが、重要なファクターであることを第二章で見てきた。言い換えると、働く人が「働きがいがある」と感じるためには、「信頼」がなければならないということである。一方で、経営サイドから見た場合に、従業員との「信頼」関係をつくるということはどういう意味があるのだろうか。

方針や戦略を実行するためには、従業員との「信頼」関係がなければならないことは明らかである。しかし日本全体の傾向として、序章で見てきたように、経営側と従業員の「信頼」関係は、良くなっているというよりもむしろ悪くなっている。多くの企業で経営側は、従業員との「信頼」関係を構築していくことに気を配っていなかったと推測される。

しかし「いい会社」では丁寧に信頼構築を行っていたのではないだろうか。しかも、信頼構築に関して、他の経営施策と比較して、優先順位が高かったのではないだろうか。そのような仮説を念頭に置きながら、「いい会社」に共通する特徴をこの章では探っていく。

従業員視点である「働きがいのある会社」は、「いい会社」を考えるうえで、一つの大切な観点である。一方で、会社自身が、毎年、財務的に成長していることも「いい会社」

を考えるうえでは大切な観点である。

従業員にとって「働きがいのある会社」であっても、その会社が縮小していけば、働く場が提供できなくなってしまう。少なくとも前年同様の売上・利益を維持していくこと、できれば増収増益していくことは、働く人にとっても望ましい。

「いい会社」に関する研究は、以前から行われている。その場合、多くは財務的業績が良好な会社を「いい会社」として扱っている。代表例は『エクセレント・カンパニー』（ピーターズ／ウォータマン）や『ビジョナリーカンパニー2』（コリンズ）である。

財務的業績がよくなければ、いい商品を開発、生産するための再投資ができない。働く場も提供できない。たとえ理念がいい会社であったとしても、安定的な収益がなければ、いい会社を維持するのは難しい。そういう観点で、「財務的業績が良好」ということが「いい会社」であると言える。

「長寿企業」も「いい会社」

「財務的業績が良好」な会社が「いい会社」であるのは確かだが、現在の日本の状況を考えた時、つまり、大きくパラダイムが変わろうとしているときには、より長期間、繁栄してきた企業、つまり一〇〇年以上存続してきた「長寿企業」も注目に値すると考えられる。

日本には、創業一〇〇年以上の長寿企業が二万社以上存在する。世界の中でも日本は長寿企業輩出国である。そのような長寿企業の多くは、むやみな拡大、多角化を図るよりは、「身の丈に合った事業展開」を行い、分をわきまえた企業活動を行っている。

一〇〇年を超える長寿企業は、近代国家誕生以前の時代あるいは近代国家誕生時に創業され、一九二〇年代の大恐慌を乗り越え、戦争の時代、戦後の混乱期、石油ショック、円高不況、九〇年代のバブル崩壊、さらにはＩＴバブル崩壊期を生き残った企業である。世界的金融不況後の新たなパラダイムとして、永続を目的とした長寿企業に見習う部分は大きい。

「売り家と唐様《からよう》で書く三代目」という川柳がある。創業者がつくった財産を三代目で食いつぶすという意味である。三代目となると金持ちとしての生活が当たり前になってしまって、遊びや学問や芸術に励むが仕事には励まず、結果として唐様で達筆に「売り家」と張り紙を書き、家を売り払ってしまうということである。

長寿企業には、家を売り払わないようにする知恵がある。その知恵は「いい会社」をつくるうえで重要な示唆を与える。

「財務的業績がいい企業」と「長寿企業」に共通する四条件

この章では、「いい会社」ということを論じていくが、その際には、「財務的業績」と「長寿」の二つの観点で見ていく。

具体的には、過去三〇年間において「財務的業績がいい企業」ならびに一〇〇年以上の「長寿企業」の特徴について考えていく。過去三〇年において財務的業績が良好だった企業に関しては、リクルートマネジメントソリューションズ（以下RMS）組織行動研究所で調査・研究した内容を中心に紹介する。

武田薬品工業、花王のように、一〇〇年を超える長寿企業で、なおかつ近年の財務業績がいい会社（「財務良好」×「長寿」）も存在する。一方で、長寿ではないけれど財務的業績がいい会社（「財務良好」）も存在する。また、長寿だけれどここ三〇年の財務業績が飛び抜けていいわけではない会社（「長寿」）も存在する。その三つのカテゴリーの会社に、共通する条件を特定した。

その詳細については後ほど述べるが、その共通する条件を簡単に言うと以下の四つである。

①時代の変化に適応するために自らを変革させている。

②人を尊重し、人の能力を十分に生かすような経営を行っている。
③長期的な視点のもと、経営が行われている。
④社会の中での存在意義を意識し、社会への貢献を行っている。

四つの条件に驚きの事実はない。

すでに多くの人によって、語られていることであるし、実際に多くの会社で実行されていると思われる。おおよそどの会社も、「人を大事にしています」「社会に貢献するようにしています」という。逆に、「人を大事にしていません」という会社はまずない。ただ、そのことを本当にわかっている会社と、言葉だけが浮いている会社が存在する。「いい会社」は、四つの条件が大事であるということがわかっており、実際に実行している。

財務的に優良な会社も長寿会社も、さまざまな環境変化の中で生き残ってきたという観点で、自らを変革する力があると言える。進化論的に語れば、強い企業が生き残るのではなく、環境の変化に柔軟に対応し続けた企業だけが生き残るのである。

現象面だけ見れば、「いい会社」は、そうでない会社と比べて、変革を行ってきている。大事な点は、環境の変化に応じて変わるために、会社の中に何を埋め込んでいるのかということである。

「変化しない」ということは、ある意味で合理的である。昨日やったことを今日もやる。人は安心してできるし、コストもかからない。そして誰でもできるように、標準化、マニュアル化していく。結果として、利益が上がっていく。したがって、会社を運営していくと、自然と変化をしない方向へ流れていく。環境が変わらなければ、それが最も利益が上がる方法である。

一方で、技術は日進月歩で進化しているし、顧客の好みは変わるし、競合企業がいろいろなところから参入してくる世界において、変革せざるを得ない。変革というのは、慣れ親しんだ昨日と、違うことをやることである。コストはかかるし、人は不安になる。過去の成功に安住したくなるところから引っ張り出さなければならない。慣性を壊していかなければならない。創造的破壊を組織の中に埋め込まなければならない。

他社との差別化を図っていくための知恵の源泉は、「人」である。「いい会社」では、働いている人を一人の人間として尊重し、一人ひとりの能力を引き出すために、制度や仕組みのようなハード面、風土やコミュニケーションのようなソフト面でもさまざまな施策を行っている。そのベースには、個と組織の信頼がある。経営者は、働いている人を信頼し、現場での工夫を奨励している。一人ひとりが当事者意識を持ち、目的を考え、ＰＤＣＡ（Plan−Do−Check−Action）を回していく。一人ひとりが自分なりの工夫、改善ができたとき、働いている個人も働きがいを感じ、持っている能力を提供でき、かつ能力を伸ばしていくことができる。

前述したように、環境変化に対応するためには、日々の改善とともに、長期的な視野における変革が必要になる。技術革新に対する対応、人口動態に対する対応、顧客の嗜好の変化に対する対応等、大きな流れを読む中で、自社の得意とするところと他社の動向を見きわめながら、次の方向性を決めていくことが求められる。

日々の業績に対する圧力の中で、長期の視野を持つことは、どの会社でもできることではない。カリスマ経営者がいない場合には、経営の仕組みや理念の中で、組み込んでおく必要がある。

『ビジョナリーカンパニー』の中で、ジェームズ・コリンズとジェリー・ポラスは、偉大な会社に関して、「理念やビジョンの内容よりもその理念が本物で、どこまで貫き通しているのかというのが大事だ」と分析している。しかし、RMS組織行動研究所の調査では、理念が本物であるということに加えて、内容そのものも大事な要素であると認識した。業績のいい会社と長寿企業双方の会社の特徴として、理念に「社会の中で生かされていること」という内容が組み込まれている。また実際に、その企業の歴史を追いかけると、本業を通して社会への貢献活動が実際に行われていたことがわかる。

社会貢献と高業績は、どちらかといえば対立概念として考えられるが、後述するように各社の事例を見ていくと、そのことが間違っていることに気づく。「世のため、人のため」という理念が、人々の志に火をつけ、企業の成長に一役買っている。企業による社会貢献は、きれいごとではなく、業績を上げるための合理的な方法であり、企業の存在理由でもある。

先にあげた四条件は、互いに連関している。環境に適応するために自らを変えていかなければならない。その変革の主体は人であり、その人の持っている能力を最大限に引き出すために、人を大切に扱わなければならない。一人ひとりが持っている知恵や能力を促進させ、働く意味を持たせ、やる気にさせるために、その会社の「社会での存在意義」を明確にしている。また、変革の方向性を考えるうえで、あるいは社会での存在意義を考えるうえで、長期的な視野が必要となってくる。

次項以降、業績のいい会社と四条件に関して、もう少し深く見ていく。

「財務的業績がいい企業」の特徴

次ページの表3－1は、一九七四年九月の株価を1としたときの、二〇〇八年六月時点での株価リターンの上位銘柄（東証上場企業）である。たとえばキヤノンは五一・五一とい

1	キヤノン	51.51	26	アサヒビール	15.13
2	久光製薬	44.00	27	富士フイルム	14.43
3	ダイキン工業	39.41	28	乾汽船	14.25
4	信越化学工業	37.18	29	住友金属鉱山	13.80
5	日本電気硝子	36.02	30	トヨタ自動車	13.69
6	ヒロセ電機	32.50	31	アイシン精機	13.54
7	日本写真印刷	26.45	32	トヨタ車体	13.39
8	東邦チタニウム	26.06	33	小野薬品工業	13.31
9	イビデン	24.59	34	豊田自動織機	13.18
10	武田薬品工業	24.55	35	山武	12.76
11	オリックス	24.54	36	シマノ	12.53
12	帝国電機製作所	24.21	37	中央電気工業	12.52
13	参天製薬	23.92	38	日本テレビ放送網	12.49
14	村田製作所	20.75	39	日本製鋼所	12.08
15	昭栄	20.06	40	コマツ	11.34
16	東海理化電機製作所	18.92	41	フォスター電機	11.11
17	クレディセゾン	18.74	42	松屋	11.05
18	トプコン	18.29	43	住友不動産	10.93
19	理研ビタミン	17.18	44	ミツミ電機	10.90
20	栗田工業	16.65	45	スタンレー電気	10.89
21	アステラス製薬	16.48	46	花王	10.84
22	スズキ	16.09	47	ニコン	10.73
23	ホンダ	15.90	48	エーザイ	10.71
24	セコム	15.59	49	新興プランテック	10.66
25	大和工業	15.47	50	東宝	10.57

表3-1　株価リターン上位銘柄（東証上場企業：1974年9月～2008年6月）

う数字になっているが、この数字は、一九七四年九月にキャノンという銘柄に、一〇〇万円投資して、二〇〇八年六月にその株を売った場合、五一五一万円で売れることを意味する。

「財務的業績」を定義づける指標は、企業活動のすべてを網羅しているものが好ましい。「株価」は、理論上、将来のフリーキャッシュフローの現在価値を反映しており、人と組織に関する投資などの将来に向けた取り組みをすべて包含した財務情報と言える。

景気の動向、環境変化、情報開示の度合い、機関投資家の動きによって短期的には「株価」は激しく動くが、長期で見ること、ＴＯＰＩＸ（東証株価指数）との比較で見ること、業界ごとに区切って見ることによって、業績が良好な会社は特定できる。

次ページの図3−1は、キヤノンおよび同業二社とTOPIXの株価リターンの推移、図3−2は、トヨタおよび同業二社とTOPIXの株価リターンの推移を示している。キヤノンについては一九八〇年代バブル以降、トヨタについては九五年以降、同業他社ならびにTOPIXに対して良好なパフォーマンスをあげていることがわかる。つまり、光学機器業界においてはキヤノン、自動車業界においてはトヨタが、財務的業績が良好な会社の代表ということになる。同様に、薬品業界では武田薬品工業、トイレタリー業界では花王、化学業界では信越化学工業が、財務的業績が良好な企業の代表としてあげられる。

RMS組織行動研究所の研究チームは、キヤノン、トヨタ、武田薬品工業のような業績が良好で、書籍や専門書で会社情報が入手しやすい企業八社に関して、事実分析を行った。事実分析に用いた資料は、対象企業の創業から現在までに関して書かれた書籍、社史、記事などである。成功要因の抽出方法としては、まず初めに、過去の同様の研究を参考にしながら、持続的に成長するための条件と考えられる要素を抜き出す。次に、収集した各社資料の「事実」を丁寧に抽出し、各要素に該当するかどうかのチェックを行い、「持続的成長を促すための要素」七五個を厳選して抽出した（表3−2）。

各社の資料を読むだけでなく、各社にインタビューを申し込み、チェックをお願いす

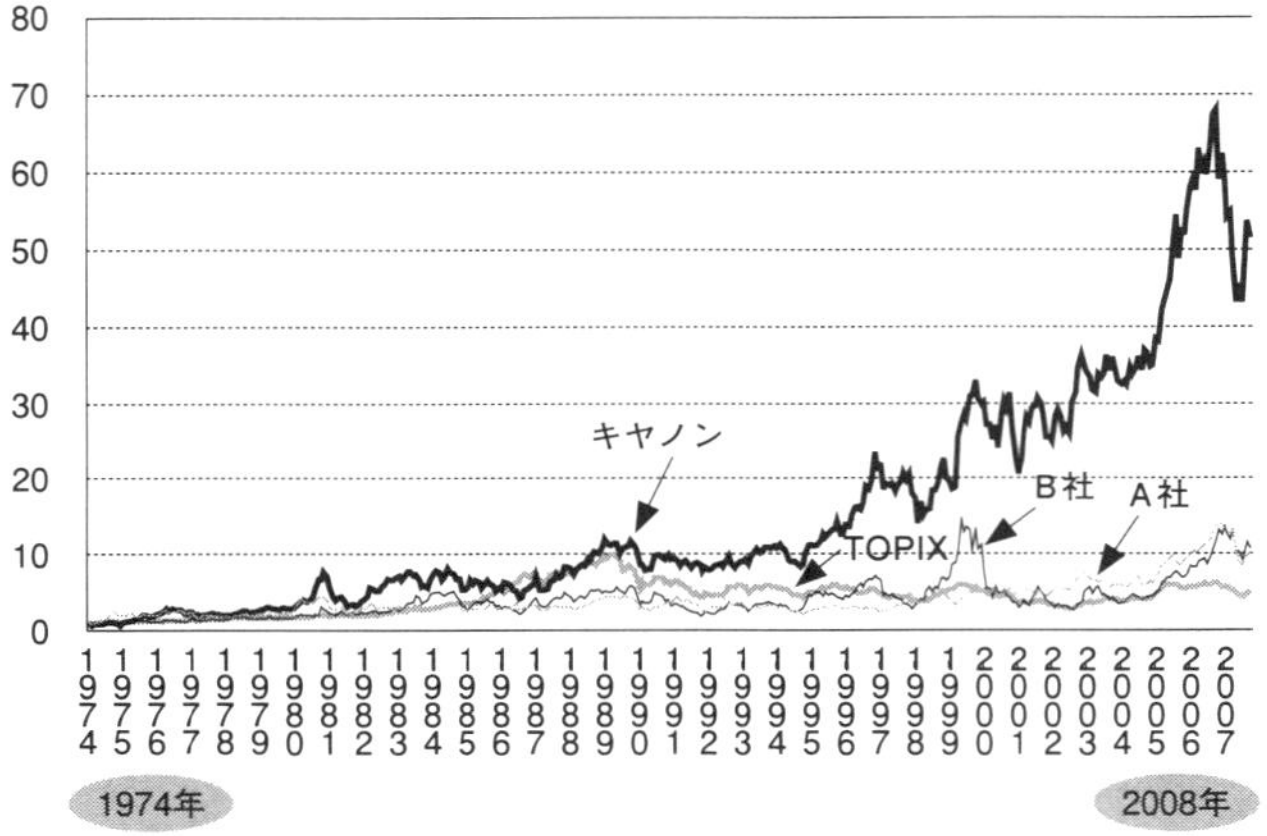

図3-1　光学機器業界の株価リターン

注：数値は、74年9月を1としたときの株価

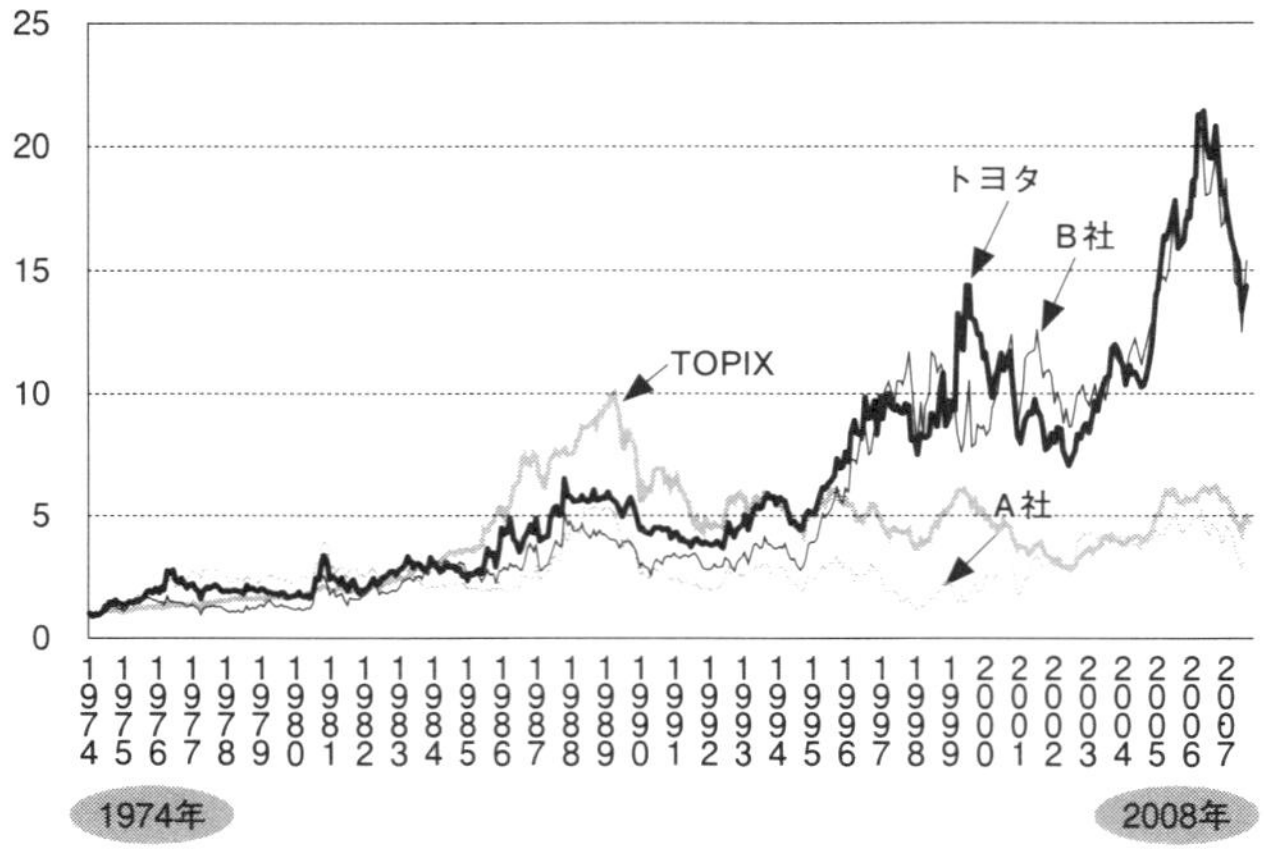

図3-2　自動車業界の株価リターン

注：数値は、74年9月を1としたときの株価

1	環境変化への感度	39	意志決定スピードを早める仕組み
2	変化へのタイムリーな打ち手	40	権限委譲
3	平時の改革・改善	41	実行スピード
4	アンラーニング	42	軌道修正の早さ
5	成功の罠の回避	43	スピード重視に対するトップの姿勢
6	失敗からの学び	44	主体的な行動
7	トップの危機意識	45	愚直な実行
8	挑戦奨励	46	やりきる
9	リスクテイク	47	PDCAを回す
10	保守化を阻む風土改革	48	経営と現場の距離
11	先進企業のベンチマーク	49	経営からのメッセージの意味付け
12	先進的な経営手法の活用	50	上への風通し
13	制度・仕組みの継続的進化	51	部門間連携
14	原理原則の徹底	52	ななめのコミュニケーション
15	目標設定・共有	53	本音の議論
16	効率・能率と質の両立	54	オープンネス
17	キャッシュフロー重視	55	社内ネットワーク
18	成果コミットメント	56	社外ネットワーク
19	役割貢献重視	57	体験共有の場
20	顧客志向	58	トップとの直接コミュニケーション
21	結果モニタリング	59	社内の情報開示
22	合理的意志決定	60	役割・組織を超えたコミュニティ
23	共同体意識	61	柔軟な場の編成
24	相互の信頼関係	62	意図的な場の結合
25	会社や事業・製品へのプライド	63	会議やプロジェクトなどの場の質
26	組織貢献意識	64	柔軟な仕組み構築
27	労使協調	65	インフォーマルネットワーク
28	従業員に対するトップの姿勢	66	バリューの言語化
29	従業員尊重の雇用・活用	67	バリューのトップによる浸透
30	公平・公正な処遇	68	バリューのトップの率先垂範
31	ロイヤリティ向上施策	69	バリューに関する日常場面の浸透
32	長期視点	70	従業員の動機づけ
33	大局的視点	71	バリューの発展・再定義
34	全体最適	72	バリューに関して制度との連動
35	長期的成長のための投資	73	社会的使命の明文化と実現
36	サクセッションの成功	74	経済的価値と社会的価値の両立
37	経営の継続性	75	インテグリティ
38	意志決定スピード		

表3-2　持続的成長を促すための要素

る。そして、最後に、会社ごとにチェックした七五個の要素を業績のいい会社すべてで見ていき、「成長期・安定期でも危機感がある」「成果やプロセスをモニタリングする仕組みがある」等の成功要因を抽出していき、財務的な業績が良好な企業の特徴を構築していった。

その特徴は、次の四つに集約された。

①時代の変化に適応するために自らを変革させている。
②人を尊重し、人の能力を十分に生かすような経営を行っている。
③長期的な視点のもと、経営が行われている。
④社会の中での存在意義を意識し、社会への貢献を行っている。

次項以降、四つの特徴について詳しく見ていく。

①時代の変化に適応するために自らを変革

変革は大きく分けると、二つの水準がある。新商品開発や現商品や日々のオペレーションレベルの「改良」「改善」の水準と、新しい事業領域への進出、海外への進出というような企業戦略の水準である。

「いい会社」は同業他社と比べて、この二つの水準において高いレベルにある。そして、それに加えて、変革するための組織風土や変革意識も「いい会社」とそうでない会社の間には、違いがある。

実際、RMS組織行動研究所で行った別の調査でも、「業績が順調なときでも、危機感や問題意識を表明している」「経営環境の変化を察知して、柔軟に対応している」「新しい提案や大胆なチャレンジを評価する仕組みがある」「創造や変革に貪欲《どんよく》な風土がある」といった項目に関して、業績のいい会社とそうでない会社において有意差があった。

武田薬品工業の取り組み

たとえば戦後の医薬品業界を見てみると、武田薬品工業は他の医薬品企業とは明らかに違う動きをしている。武田薬品工業の歴代のトップは、先進的な取り組みを継続し、他社に先駆けて海外進出や多角化、M&Aを実行している。他社では、危機が来て初めて、革新を図ったが、武田薬品工業では危機の先取り、先を見越した自己革新を行っている。

一九八一年からスタートした、武田薬品工業の中期計画の重点施策の筆頭は、「世界に向かっての事業の発展」であった。当時、日本の自動車産業が世界を席巻する一方で、米国の三大メーカーは斜陽化していった。医薬品業界では、その逆が起こる可能性、つまり、欧米の医薬品メーカーが世界を席巻し、日本のメーカーが苦境に陥ることは十分に起こり得ることであった。他の国産医薬品メーカーにはそこまでの危機感はなかったが、武田薬品工業は強い危機感を持っていた。八一年の中期計画にもそのことが明記してある。

世界に通用する技術、製品の水準を維持し、また広い情報網のもとにあらゆる面で敏速に対応しなければ国際市場ではいうまでもなく、国内市場においても自社ブランドは守りえなくなる。

（『武田薬品工業——創業二百年を迎えた業界の雄』堀田真康）

武田薬品工業の海外進出は、一九五七年にメキシコに進出し、製造販売したことに始まる。その後、タイ、台湾、ドイツ、ブラジル、米国、フィリピン、マレーシア、インドネシア、フランスというように、他社に先駆けて、海外への進出を進めてきた。しかも、武田は進出した国で社会に貢献することと一流会社になることも目標として置いていた。そのためにも、グローバル水準での研究開発を前提として、世界に通用する商品づくり、進出国における開発体制の整備、マーケティング体制の整備、マネジメント力、人材の確保、財務力の確保といった総合力を高めることを自らに課していった。

花王の改善と改革

花王は、商品、オペレーションの改良、改善でも優れているが、事業領域の拡大や販売体制の改革という企業レベルでの変革にも長《た》けている。主要な変革の一つは一九六〇年代から四〇年近くかけて行った販売会社施策である。

そもそも花王が販売会社施策を行ったのは、経営危機に陥った卸売業者を救済するためだった。小売からの値下げ要求に苦しみ、倒産する業者も出始めていた。

しかし、そのような花王の動きは他の卸売業者から見れば脅威に映った。花王の販売会社になるということは、他社製品を扱えないことであり、多くの卸売業者が激しく抵抗し、花王の販社確立を妨げた。そのような中、外資系メーカーの参入に対抗する意味も含めて、花王は販売会社網をつくっていき、努力の甲斐があり、一九七〇年代前半に全国で一三〇社強の販売会社体制を確立していった。

その後、販売会社を統合させていき、二〇〇〇年の時点で、一社の販売会社に集約させていった。この販売網の確立は、顧客情報の吸収、ならびに外資系メーカー対抗といった観点で、花王の躍進の大きな要因である。

もう一つの大きな変革は、新事業創造である。一九七〇年代から、新しい事業へ参入していった。制汗剤市場、生理用ナプキン市場、パイプクリーナー市場、芳香剤市場、化粧品市場、紙おむつ市場、後に撤退するフロッピーディスク市場である。次々と市場へ参入できた理由は、研究所の存在である。六四年の和歌山の産業科学研究所、六六年の東京地区研究所、七八年に生物科学関連の研究開発を目的とした栃木研究所を設立。そして、三研究所の情報交換の仕組みづくりを積極的に行い、新領域の新商品を生み出していった。

のちに洗剤の歴史を変えたと言われる「アタック」の開発は、まさに三研究所の協力の中で生まれた。「アタック」発売の八年前の一九七九年、東京の家庭品研究所では汚れと繊維の関係性を見直す研究が始まった。栃木の生物科学研究所では酵素の研究をしていて、東京と栃木の研究所は一体となって開発を進めていった。一方で、和歌山の研究所では洗剤のコンパクト化の研究を行っており、その成果と合体させ、「アタック」は世に送り出されていった。

多くの研究所は、横の連携がうまくいっていない。それぞれで専門分化していき、研究員は自分が研究していることしかわからないし、他は興味がないといったことが起こっている。いわゆるタコつぼ化である。花王では、それを避ける仕組み、努力、風土醸成を行い、それが競争優位性になっていることがわかる事例である。

そのように生み出していった新商品に対して、「改善」「改良」を愚直に継続していく行動様式、組織文化は、同業他社と比べて大きな違いがある。花王は変革の一つめの水準でも秀でている。ファブリックケア領域、パーソナルケア領域、ヘルスケア領域において、年間売上高一〇〇億円を超えるメガブランドを多数持っている。「アタック」「ファミリー」「ビオレ」「メリット」「バブ」「クリアクリーン」などが代表格である。それらのメガブランドは、その座に安住するのではなく、常に改良、改善を行っている。

たとえば、「アタック」はすでに二〇回以上の改良を行っている。それは、洗濯環境の変化に伴う改良でもある。昭和から平成に変わり、新しい世紀になり、洗濯機は二層式から一層式全自動に変わり、洗濯水量は少なくなった。働く女性も増え、夜に静かにやさしく洗いたい、しかもまとめて大量にというニーズは高まった。そのようなニーズに対して、洗浄力を高め、よりコンパクトに、そして価格が安い商品で対応していった。

それに付け加えて、花王では改善のTCR（トータルコストの削減）活動を一九八六年から二〇年以上継続している。高業績にもかかわらず、組織運営や仕事の進め方を見直し、コスト改善活動を行っている。一方で、EVA（経済付加価値）やBSC（バランススコアカード、多角的に企業の業績を評価する手法）などの新しい経営管理ツールを積極的に導入し、自己変革体質を強化している。

長期の視点と日々の改善

インターネットの登場による業界地図の再編、グローバル化の進展に伴う工場の移転、販売拠点の拡充、バリューチェーンの見直しがここ一〇年の大きな時代の変化である。しかし、より小さいレベルの変化でも、企業の命運を左右するインパクトがある。最初は新しい動きに対して、「たいしたことがない」あるいは「やがて消えるだろう」と現実を無視する。特に、既存のビジネスで成功していて、新しい動きを取り入れることが必ずしも収益的にプラスにならない場合、現実と向き合えなくなる。それからしばらくして、業績不振に陥り、経営幹部は愕然《がくぜん》とする。

音楽業界では、音質の悪いＭＰ３に関して否定的であった。音楽をダウンロードする作業の面倒くささやパソコンで音楽を聴くことを誰も好まないと思っていた。そこへアップルがふらりとやってきて、あっという間に世界最大のオンライン音楽配信業者に成長した。

同様のことが、写真機のアナログからデジタルへの転換、オフセットからデジタル印刷への転換、外科手術から内視鏡手術への転換、衣料や家具や住宅業界での価格破壊、オンライン証券取引による手数料の下落等、あらゆる業界において起こり、時代は変わり、時代に合わせた変革が必要になってきている。現状の延長線上では太刀打ちできない時に、近視眼的な経営では乗り切れない。

言うは易く、行うは難しである。

たとえば、競争が激しくて、ダンピング合戦している業界がある。しかも、いずれ需要が先細るような業界を想像してみよう。

シェアも低く、すでに出遅れている会社は、少し機能が違う新製品を出して、どうにか挽回しようとする。しかし、おそらく収益にはつながらない。長期の視点を持ち、負け戦の構図を理解し、土俵を替えて勝負しなければならない。日々の改善では戦えない。

しかし、その事業を任された事業トップは、それが見えない。あるいはそれが見えていても手の打ちようがない。往々にして、与えられた資源の中で、とにかく早く収益化することが求められるからである。事業の最前線にいない経営トップから事業トップへ「とにかく勝て」と言われる。事業トップとしては、短期的な業績を多少犠牲にして抜本的な変革が必要だと言っても、経営トップは許してくれない。言い訳だと思われてしまう。

環境を大きく捉え、技術動向を洞察し、「長期的な視点」を持って経営を行い、事業が置かれているポジションを理解しないと、環境に合わせた「変革」はできない。

会社を立ち上げ、企業活動を始めようと考えたら、普通、マーケットとそのマーケットに合った製品・サービスを供給することを考える。そして、その製品・サービスが供給できるよう、販売活動を行う。小さい会社であれば、創業者自ら、製品・サービスを開発し、生産し、売り歩くことも多い。やがて、会社は成長軌道に乗る。

会社は徐々に大きくなっていく。創業者自ら現場に出ていたら、創業者がボトルネックになり、成長が止まるので、創業者の魂を理解した社員が、創業者のように働くことが求められる。

創業者の後ろ姿を見ていれば、創業者のように働くことができるが、企業が大きくなるにつれて、それにも限界がくる。そうしたときに、企業として行う施策は、教育と制度づくりである。どういうふうに働くことが求められるのか、この会社では何を大事にするのか、教育と制度によって、明らかにしていく。そして、その通りに働く人を評価していく。

このような過程を通して、企業文化、企業理念が形成されていく。短期的には、肥沃なマーケットに対して、適切な製品・サービスを提供していくことが大事だが、長期的には、組織として、マーケットを見ながら、マーケットに適応した製品・サービスを継続的に作り出せる力の勝負になる。

つまり、企業が安定的に成長するためには、一過性の戦略形成力ではなく、組織として環境に適応する力をつけられるかが重要である。環境に適応するために、常に危機感を持ち、過去の成功体験に縛られず、自らを変えていく力があるかどうかが問われる。

そして、そのことを愚直に継続できるような経営理念になっており、そのような経営理念の浸透と実行を重視していることが、成長を持続できるかどうかの鍵を握っている。また、環境の変化に応じて自らを変革していくことを、理念だけに頼るのではなく、教育、制度、日常の仕事マネジメントにも反映させていくことも求められる。そのことが愚直にできているかどうかである。

そのためにも、②「人を尊重すること」③「長期的視点」④「社会的な存在意義」が必要になってくる。

②人を尊重し、人の能力を十分に生かす経営

安心して働くことができるという観点では、終身雇用制度や年功序列的な報酬体系は、かつて、一つの解だったのかもしれない。しかし、働く人の意識や働き方はより多様化してきており、生活給的な色彩は色褪《いろあ》せてきている。また、本当に一人ひとりに向き合い、構成メンバーの納得感ということを考えたとき、年功序列というよりも、組織への貢献度や成果に応じた報酬ということがその答えになる。だが、貢献度や成果の測定は、厳密に考えれば考えるほど難しい。また、そのためのコストもばかにならない。ゆえに、報酬体

系は各社課題を抱えながら、より納得感の高い制度を模索している状態である。

競争力の源泉になる知識労働者あるいはクリエイティブワーカーは、第二章でも述べたように管理できない。しかし、放任では経営は回らない。働いている人を経営が向かおうとしている方針に合わせるためには、経営に対する信頼をベースに、経営理念や経営ビジョンに対する共感、当事者意識の醸成が必要になってくる。

そのためにはまず、その経営理念やビジョンに共感する人材の採用が肝要になってくる。ジェームズ・コリンズは、著書『ビジョナリーカンパニー2』の中で、偉大な会社は適切な人材を採用していると、採用の重要性を説いている。RMS組織行動研究所での調査でも、業績のいい会社は、そうでない会社と比べて「人材採用に十分な投資をしている」という項目に高い評価をつけている。

さらに競争優位性を保つためには、経営理念やビジョンに共感している人を採用するとともに、採用された人たちが、力を発揮し、互いの力を結集できる安心した職場をつくっていく必要がある。つまり、共同体としてのあたたかさが求められるが、それだけでは高い業績を毎年、積み重ねていくことは難しい。同時に、厳しさが必要になってくる。

キヤノンは、運命共同体意識の保持、新家族主義が企業風土の根っこの部分を構成している。しかし、そこに実力主義が加わっている。具体的に言えば、終身雇用を維持していて、人員整理は行わない。終身雇用を維持することを競争の源泉にしている。

しかし、雇用を保障すると、組織に甘えが生じ、社員の意識が緩む。そういう欠陥を教育で補っている。自発、自治、自覚から成り立つ「三自の精神」つまり、自己責任の精神を徹底的に教え込む。また、賃金、処遇制度は創業当初から年功序列ではなく、学歴、年齢、性別に関係ない実力主義にしている。一人ひとりの能力を引き出し、フェアな競争を促す。人間の能力を公平に正しく認める人間主義の経営を実践している。

武田長兵衛氏（一九四三年、武田薬品工業六代目社長に就任）は、第二次世界大戦後すぐ、重大な選択を迫られた。海外からの引き揚げ社員や召集されて戦地に行っていた社員が続々と帰ってきていた。

その社員をどうするか。どの企業でもそうだが、先行きは見えない。真っ暗闇である。企業が生き残るためには海外社員の切り捨てはやむなしと多くの経営者はそう判断していた。

しかし、武田長兵衛氏は、一人もクビを切らないという方針を打ち出した。

その五〇年後、武田國男氏が社長になった後、成果主義人事制度を全面的に取り入れるようになった。制度運用開始は一九九七年であるから、他社に先駆けての実施になった。グローバルに通用する会社をつくるために、「全力投球をして成果をあげたら、やったと思えるだけの報酬で応えるようにしたい」というのが基本思想であった。したがって、年功序列は撤廃し、「職責」による成果主義制度になった。人事制度を取り入れる前の課題を一言でいえば、危機感のない仲よしクラブであった。共同体としていい会社であったが、それゆえの甘さ、組織の緩みがあった。それを払拭する制度改革であった。

「あたたかさ」と「厳しさ」、そのベースにある信頼

ＲＭＳには、「ＤＮＡサーベイ」という組織診断サーベイ（調査）がある。「真面目な」「協力し合う」「緊張感がある」等、約一二〇のワードの中から、自分の組織にあてはまるものを社員三〇名ほどにチェックしてもらう調査である。それらを集計すると、その会社らしさが浮かび上がる。

たとえば、「勤勉な」というワードは九割の社員が選んでいる、その次に選択率が高いのは「あきらめない」というワードである、という具合にワードの選択率を上位から見ていくと、その会社らしさが浮かび上がる。

約二〇〇社の社員に協力を仰ぎ、「ＤＮＡサーベイ」に回答してもらって、各社ごとに報告をし、各社の「らしさ」の検討をするのに活用していった。その後、ＲＭＳで、業績がいい上位一〇％の会社と業績がよくない下位一〇％でどのようなワードが選択されてい

るのか分析を行った（業績は、一九九一年一二月〜二〇〇六年一二月の株価リターンを用いた）。

面白いことに、業績のいい会社では、「人を大事にする」「和気あいあいとした」という「あたたかい」イメージのワードが多く選択されたと同時に「鍛えられる」「緊張感がある」「チャレンジ精神あふれる」という「厳しい」イメージのワードが選択されている。「あたたかさ」と「厳しさ」が両立している。

一方、業績のよくない会社では、「温かい」「居心地の良い」「思いやりのある」という「あたたかい」イメージのワードだけが選択されている。もしくは、「困難に立ち向かう」「鍛えられる」「シビアな」という「厳しい」イメージのワードだけが選択されていた。

キヤノンや武田薬品工業の事例のように、「あたたかさ」と「厳しさ」の両輪が同時に必要であるということが調査結果でも判明した。

「あたたかさ」と「厳しさ」は必ずしも矛盾する概念ではない。親が子どもの教育をするときのことを考えれば、むしろ自然なことである。ベースに信頼、愛があり、あたたかさがある。潜在的に持っている能力を見きわめて、大事に育てていく。

人は弱い。そのため、ただあたたかく見守るだけでは甘えが生じる。時には甘えに目をつぶることもある。しかし子どもの成長を考えたときには、時には厳しく接し、谷底へ落とすことも必要になる。

人をきちんと見て、その人の潜在能力を引き出そうと思えば、「あたたかさ」と「厳しさ」両方が必要だということは、よく考えれば、当然の話である。

③長期的な視点での経営

トヨタ研究の第一人者のジェフリー・ライカーは、トヨタ生産システムの背後にはトヨタウェイがあり、トヨタウェイの最も根底にあるものが、長期的な視点であると結論づけている。ライカーは、トヨタウェイの原則1として、「短期的財務目標を犠牲にしても長期的な考え方で経営判断をする」を掲げている。実際、ライカーは、インタビューした従業員が皆一様に「トヨタを次の次元まで高めようという長期的な考え方に基づいて使命感にかられて働いている」と答えていたことに、驚いている。

ビジネスは、基本的に未来を扱う。過去の分析は行うが、それは過去を懐かしむわけではなく、すべては未来のために行っている。その未来は、三ヵ月先のこともあれば、一〇年先のこともある。あるいは一〇〇年先ということもある。そして実際、長寿企業や優良と言われている企業においては、そうでない企業と比べて、長期的な視点が取り入れられている。

アムステルダムのエレン・デ・ルージの調査によれば、日本と欧州の会社の平均寿命はわずか一二・五年である。フォーチュン500や東証一部上場クラスであれば四〇～五〇年である。一方で、数百年永続する企業も存在する。

一九八〇年代前半、ロイヤル・ダッチ・シェル・グループは、「なぜ若死にする企業もあれば数百年存続する企業が存在するのだろうか」「その違いは何だろうか」「長寿企業の特徴は何だろうか」という問題意識のもと、調査に着手した。なぜなら、石油の有効埋蔵量はあと数十年と言われており、石油ビジネスだけで生き残れるとは思えなかったからである。その後、同社では西暦二〇〇〇年までの計画を策定し、実行に移していった。金属生産会社を買収し、原子力ベンチャーに出資し、石炭ビジネスにも着手していった。

日本では、鳩山政権が温暖化ガスの大幅な削減を表明し、いよいよ石油ビジネスから新エネルギーの世紀の扉が開く。石油を前提にしていた産業は衰退し、新しい産業が勃興する。ロイヤル・ダッチ・シェル・グループの関係会社であり、シェル・グループとの連携で輸入した石油でビジネスを行っている昭和シェル石油では、いまから三〇年あまり前の一九七八年に太陽電池の研究に着手していた。それがここにきて、ようやく光があたり始めた。長期的視点がなければ、実現しなかった事例である。

2014年度に「経常利益の半分に当たる500億円を太陽電池で稼ぎ出す」（「昭和

シェル石油）香藤繁常会長）。／強気の姿勢の裏側には、現状への危機感がある。（中略）太陽電池は、「ムダな投資だとして開発打ち切りが経営会議で何度も俎上に上った」（香藤会長）事業。しかし何とか研究開発の細い糸を紡ぎ続けた。

（『日経ビジネス』二〇〇九年一〇月五日号）

未来予測の難しさ

石油の枯渇や人口動態や技術革新などは、比較的予想しやすい領域である。しかし、それらが自らのビジネスにどういう影響を与えるかは未知数である。IBMは、最初のコンピュータを開発した頃、コンピュータの需要を世界で五台程度と予測していた。ライト兄弟は最初の飛行の二年前の一九〇一年に、「人が飛行できるためには、あと五〇年ぐらいかかるだろう」と述べている。

未来を予測することはそれほど難しいことである。

しかし誤るパターンというのもありそうである。『二〇〇一年宇宙の旅』などの著作で知られるSF作家のアーサー・C・クラークは、以下のような法則を発見した。「著名な科学者が、何かが可能だという場合、それはまず間違いなく正しい。何かが不可能だという場合、それは十中八九間違っている」。科学者と同様、一般人も同じような傾向があるらしい。現在に引きずられる。

未来予測は難しい。コストもかかる。目の前の仕事は山積みである。短期業績のプレッシャーもある。ゆえに、普通の会社は、すぐに短期志向に陥る。いまを乗り切れなければ長期はないのだから。しかし、短期的な収益だけを追い求めていけば、いずれ尻つぼみになることは歴史が証明している。

一〇年後の未来は突然一〇年後に起こるわけではない。すでにその兆候やトレンドは目の前にある。ロイヤル・ダッチ・シェル・グループのように、優れたシナリオを描き、系統立てて予測するというやり方がある。一方、グーグルのように、「情報を求めるすべての人々にもっと高いレベルのサービスを提供する」という理想の社会を先に描き、未来を自ら創造していくやり方もある。

しかし、多くの企業の現実は、産業そのものが発展段階で未来が予想しづらかったり、鮮やかな未来を描く想像力が欠けていたりする。

行えることは、「現状の延長線上に何が待っているのか」「一〇年後のお客様は誰だろうか」「一〇年後の競合会社はどこだろうか」「一〇年後の競争優位性は何だろうか」ということを考え、未来をイメージし、必要があれば、現在の延長線上にない商品、技術、ビジネス、顧客の開拓を決めることぐらいである。

しかし、決めた領域で、多くの試行錯誤を行い、そこから多くの学習をした企業が生き残る。そのためには、失敗を許容できる組織風土、人事制度が必要になってくる。あるいは、失敗を含めて見守るトップやメンターの存在が大きい。歴史的なブレークスルーの陰には、応援するトップやメンターがいる。本田宗一郎氏やリコーの桜井正光元社長はその代表格である。

二〇〇三年、桜井社長にインタビューした際、桜井氏は以下のように語った。

「ターゲットを定めてから引き金を引いているようでは遅いんでね。いまはもう、とりあえず撃ってみる。驚いて獲物が飛び出してきたらこっちのもの。まず提案や行動が先ですね」

顧客ニーズは、すでに顕在化しているものもあれば、顧客自身が気づいていない場合もある。ソニーのウォークマンが発売される前に、顧客に聞いても、ウォークマンのアイデアは出てこない。ソニーが提供して、顧客は、それが欲しかったことに初めて気がつく。そのような商品は、顧客ニーズ調査をしても浮かび上がらない。顧客はきっとこれが欲しいに違いないと商品をぶつけるところから始まる。

ただ、経営資源が限られている中、むやみやたらな試行錯誤はできない。人口動態予測をして、技術予測をして、未来予測をして、その中で、自社のコア・コンピテンス（競合他社を圧倒できる能力）と競合他社との位置関係を考えながら、グランドデザインを描く。

競争が激しくなればなるほど、長期でモノを考え、未来を先取りする戦略の競争になる。そういう時代である。

④社会の中での存在意義

花王は、創業時から「清潔な国民は栄える」という理念のもと、石鹼を普及させてきた。したがって、社会への貢献活動に積極的である。コーポレイトバリュー「花王ウェイ」の使命にも、事業活動そのもの、つまり、一つひとつの製品を通じて、一人でも多くの消費者や顧客の豊かな生活文化の実現に貢献することが明記されている。

また、それに付け加えて、花王グループならではの取り組みとして、「環境エクセレンス」「社員の社会性感度向上」「社会的課題を解決する事業活動」の活動に重点的に取り組んでいる。

一九九三年に武田薬品工業社長に就いた武田國男氏は、九六年に膀胱がんを患い、一五時間の手術を受けた。療養中に健康で豊かな人生に医療が果たす役割を、身を以て体験した。同時に、「人々の健康とすこやかな生活に貢献する」という経営理念を標榜《ひょうぼう》する重みをあらためて認識した。
「健康とすこやかな生活に貢献する」経営理念を考慮し、國男氏は、武田が絶対に守らなければならないDNA、すなわち「タケダイズム」を著書『落ちこぼれタケダを変える』で、次のように語っている。

「世の中の人々のためになるより良いくすり、画期的な新製品を世界に送り出すこと」に誠実に取り組んでいくことであります。これこそ、世の中の人々が武田に期待していることであり、それが出来たから二〇〇年以上も消えずに残ったのだと思います。

（『落ちこぼれタケダを変える』武田國男）

武田薬品工業にとって、人を雇用することも、いい薬をつくることも企業の存在理由である。普通の会社と違うのは、そのことが理念になっており、行動原則や意思決定の基準として組織風土に刷り込まれているところである。
「いい会社」ということを考えるうえで、本質的に考えなければならないのは、「社会での存在意義」である。自分の会社が社会にとって必要とされているのかどうか、なにゆえ必要とされているのかを考えることにある。それがなければ、それこそ、その会社の存在理由はない。

「子どもたちに青空を残そう」

ホンダでいまでも語り継がれるCVCCエンジン開発の逸話がある。ホンダスピリッツの原点である。

一九六〇年代から七〇年代にかけて、排気ガス公害が大きな問題になっていた。当時の運輸省は六六年九月からの排気ガス規制を発表した。米国でも通称「マスキー法」が七〇年に制定され、七五年から、排気ガス中の一酸化炭素、炭化水素などを従来の一〇分の一にするという厳しいものであった。ホンダでも「大気汚染対策研究室」を六六年に立ち上げた。

当時、欧米のメーカーは、排出されるガスの後処理による低公害化の方向で開発をしていた。しかし、ホンダは、あくまでも燃焼技術の革新にこだわった。四輪で後《おく》れをとっていたホンダにとって他社と並ぶ絶好のチャンスだった。研究スタッフは一〇〇名を超す態勢で臨んだ。競合他社に先んじてという思いとともに、将来を担う子どもたちに青空を残したいとの思いや志で苦闘の日々を過ごし、七二年一二月、ホンダはついにマスキー法を世界で最初にクリア。世界のホンダになった瞬間である。

この話には続きがある。

翌七三年に本田宗一郎氏は社長を退任した。退任のきっかけは、まさにCVCCエンジン開発であった。

宗一郎氏が、低公害エンジンの開発こそが、先行している他社と並ぶ絶好のチャンスだと言ったとき、開発の若いスタッフは、排気ガス対策は企業本位の問題ではなく、自動車産業の社会的責任の上からなすべき義務であり、競合他社がどうのこうのという問題ではないと主張した。

この言葉が、宗一郎氏の眼を開かせ、感激させ、そして退任させるきっかけになったのである。

四つの条件が満たされていない会社

「いい会社」との対比で、四つの条件が満たされていない会社（A社）に行き、多くの人々に取材を行った。

A社の文化風土を一言で表せば、「ぬるま湯」である。社員同士は家族主義で、居心地はいい。一人ひとりを尊重し、一人ひとりの成長を応援している。人事制度は職能主義であり、年功序列色が強い賃金制度になっている。しかし、その制度に甘えて、組織に貢献していないが、高給取りの中高年がいる。そのことを不満に思う若者もいるが、自分がやがて中高年になることを考え、また、そのことをとやかく言わないのが大人であるという風潮がA社の中で暗黙の了解事項である。だから、全体として会社満足度、仕事満足度は高い。

A社が属している業界は、景気に左右されない商材を扱っているために、安定している。競合会社（B社）には後れをとっているものの、会社全体に危機感はない。マーケティング、販売、R&D（研究開発）、生産、それぞれのセクションはそれぞれ頑張っているが、セクション間の壁は高く、コミュニケーションはされていない。セクション間だけではなく、個人間でのコミュニケーションも希薄である。個性を大切にしているので、個人プレーが目立つが、それが組織の力になっていかない。過去にも同じような体験を先輩がやっているのだけれど、それに習おうとしない。組織としての学習が弱い。

致命的なのが、PDCAが回っていないことである。計画をつくり、頑張る。押し込み販売をしてでも、目標を達成しようと売る気迫は持っている。そして、期末になり、達成、未達成だったという話になるが、なぜ達成できたのか、なぜ未達成だったのかという反省がないまま、次の期の目標を立てている。それでも会社は黒字であれば、表面的には成り立っている。

戦略的にものを考えるということをしないまま、本質的な議論をしないまま、一〇年、二〇年、三〇年と時が過ぎている。競合B社は、その間、PDCAを回し、学習をし続ける。一九七〇年代、A社とB社は売上・利益ともに変わらない規模であったが、三〇年のうちに、売上も利益も五倍以上の差がついている。B社は、もはやA社を競合会社と思っていない。A社は、それほど差がついていることに気がついていない。

A社とB社の違いが、財務的業績がいい会社とよくない会社の違いの典型例である。

過疎の町にある世界企業

羽田空港から島根県出雲空港へ飛行機で九〇分。空港でレンタカーを借り、国道九号線を西へ九〇分ほど車を走らせる。日本海沿いに走る国道を左折し、山の中へ続く県道三一号線に入っていく。二〇〇七年に世界遺産になった石見《いわみ》銀山へ続く道である。その道沿いに、小さな集落がある。普通に車で走れば、簡単に見落としてしまう、小さい集落である。大田《おおだ》市大森町。そこに世界中から引き合いが殺到する中村ブレイス社がある。

石見銀山は、一六世紀ごろから、伝統的な精錬技術である灰吹法《はいふきほう》によって、良質な銀を大量に生産していた。石見銀山で用いられた生産方式は、その後、国内の鉱山に伝わり、銀生産の隆盛をもたらした。こうして日本で生産された大量の銀は、貿易を通じて東アジアへ流通していった。そして、金銀・香辛料を求めて世界に活動範囲を広げつつあったヨーロッパ人が東アジアの貿易に参入し、東西の異なる経済・文化交流が行われるようになった。

石見銀山が、伝統的技術で東西の経済・文化交流を果たしたように、中村ブレイス社は、その卓越した技術によって、日本各地の義肢装具製作所を通し、日本全国だけではなく、世界各地から、同社製の義肢装具を求めて、顧客が絶えない。

中村ブレイス社が扱っている主な製品は、ビビファイと呼ばれる人工乳房、スキルナーと呼ばれる人工の指、手、耳、そして体をサポートするさまざまな装具である。オーダーメイド製品は、一人ひとりに合わせてつくる。人工であるが、手の甲には血管が浮いているし、指には指紋もあり、毛も生えていて、本物と見分けがつかないくらい精巧である。高度な技術である。

中村ブレイス創業者の中村俊郎氏は、京都とロサンゼルスで、義肢装具製作の研修を経て、大森町に帰って、一九七四年、一人で起業した。

石見銀山のお膝元の町、大森町は、近世の最盛期には人口二〇万人。町全体は活気があり、豊かであったことは、町にある神社仏閣に施された繊細なつくりと意匠を見れば想像に難くない。石見銀山は、江戸時代前期に隆盛をきわめたが、その後、産出量が減少していくにしたがい、山を閉鎖していった。大森町に住む若者たちは、廃れていく町に嫌気がさし、故郷を離れていった。みるみるうちに、町は人が減り、活気を失っていった。いまでは、人口五〇〇人を切っている。

過疎化が進んだ町での起業は、常軌を逸している。ものはつくれるかもしれないが、販売には向かない。ましてやオーダーメイドの商品も多く、顧客との接点を考えると、東京や中村氏が働いたことのある京都、あるいは地方でも都市部での開業を普通に考える。大森町での起業の理由を問うと、中村氏は次のように語った。

「廃れていった大森の町を再生したい。うぬぼれていましたが、自分だったらできると思いました。京都であれば、誰かほかの人がやっています。しかし、大森町の再生は、まさに私の仕事と思ったんですね。天命のようなものです。人もお金もなかったからということもあります」

一九七四年一二月に「中村ブレイス」の看板を掲げたが、暇をもてあまして雪かきをしていた。最初の一ヵ月に入った注文は、腰を痛めていた伯父がご祝儀代わりに発注したコルセットだった。一万二三〇〇円。

しかし、製品の品質は高く、口コミによって徐々に商いが増えてきた。それに加えて、中村氏が片道三時間の米子市の病院へ毎週通うようになり、仕事が軌道に乗ってきた。

第一号社員は、知人から頼まれた子だった。ところが、出社拒否がちであり、体力もまったくない子であった。一時間働くと疲れて帰る。少し長く働くと、次の日は休む。しかし、人を支えるという目的でつくられた会社であるので、世間に埋もれていた人を生かすことも自分の使命と考え、忍耐強く、教育していった。

その後、その青年は、徐々に長く働けるようになり、医療、福祉、介護に関する深い専門知識を身につけていった。もともと好きなことに熱中できる性格だったことも幸いし、主力商品の開発を行うようになった。

ある日、その青年が展示会に出かけ、シリコン製の灰皿を持って帰ってきた。そのシリコンから生まれたのが、中村ブレイス社の主力商品であるインソール（足底板）である。この商品は、膝に障害がある人のために靴に入れて使うものだが、シリコン製は柔らかく、長持ちするのでロングセラー商品になっている。

国内、そして海外でも特許をとり、主力商品になったシリコン製インソールの引き合いは画期的に増えていった。売上をさらに増やすために、東京、大阪、名古屋へ販売網を広げていくことも考えられた。しかしながら、中村氏はそうしなかった。義肢装具をつくっている同業者に扱ってもらい、売れた分のロイヤリティをもらうという方法をとった。

「一気に拡販するということも考えました。しかし、いや待てよと。自分たちの仕事の原点に返りました。一人として同じ人はいない。障害を持つ人、一人ひとりは同じ症状ではない。そういう人たちが私たちのお客様です。そういうお客様に喜ばれたいというのが私たちの仕事の原点です。同業者の人たちは、その土地に馴染んでおり、各社とも病院とつながっています。そう考えると、同業者の人たちに扱っていただいて、その人たちにケアしていただくのがいいと考えました。逆にそうすることで、私たちは新しい独自の新製品をつくることに集中できると思ったのです」

事実、中村ブレイス社は独自の技術で、画期的な商品を生み出し、国内外の特許の数は一〇〇を超える。この商品開発力が中村ブレイス社の発展を支えてきたのは間違いないが、その商品開発の源は、「お客様本位であること」「そのためには長期間にわたっても成し遂げようとする志、使命感」そして「そのためにひたすら考えることを奨励していること」にある。

先に紹介した、ビビファイと呼ばれる人工乳房、スキルナーと呼ばれる人工の指、手、耳などのオーダーメイド商品は、仕上がるまでに数週間もかかる。そのために、商品としては赤字である。しかしながら、顧客の喜ぶ顔が見たい一心で、中村氏は本物と見分けがつかない精巧さにこだわっている。人工の乳房、指、手、耳の商品は、すでに研究開発から商品化して二〇年ほど経っている。「いずれ、社員が成長し、プロセスを改善し、生産性が向上すれば、黒字化する」と中村氏は語る。

二〇一〇年一月、新しいタイプの装着具を開発して、日本、米国、EU、中国、インドで特許を出願した。合成繊維にシリコンを塗った布状で、足に巻きつけて固定するタイプの義足である。従来の義足は高価であり、数十万円から約一〇〇万円かかる。そのような高価なものは先進国では買うことができるが、発展途上国では入手できない現実がある。しかし、新タイプの義足は、現地にある竹や椰子《やし》の木などの手軽な木材を使い、中村ブレイス社で開発したシリコンを塗った布状のものを組み合わせることによって、安価で提供できる。

「途上国においては、地雷で足を失う人や建機、重機による事故もあります。新商品によって、現地の困った人をたくさん救うことができます。世界の人たちを救うことが私の夢であり、これから三〇年かかるかもしれませんが、この商品を通じてそれが実現できるよう頑張っていきたいと思っています」と中村氏は目を細める。

現在、社員は七〇名ほどいるが、熱い志を持った若者が集まっている。著者が職場に入って挨拶をすると、さわやかな挨拶が返ってくる。中村ブレイス社の義手、義足を使用している社員も多くいる。この会社の目的は、障害者、あるいは高齢者のような社会的弱者が、人間の尊厳を失わないで生きていくことを支えることである。

社員もその理念や中村氏の思いに共感して働いている。自分がつくっている義足や義手を待っている人を思うと、土日も休まず、働く人もいるという。そして、そういう思いでつくっている製品は、顧客に感動を与え、口コミで次のお客へと広がっている。入社四年目の米原万里恵氏は「社員は誇りを持っています。お客様からの感謝が社員の誇りを支えています」と胸を張って語る。

一般論として、辺鄙《へんぴ》な場所だと人の採用に苦労する。しかし、この会社の製品に触れたり、聞いたり、この会社が行おうとしていることに共感すれば、製品の口コミと同様、そこで働きたい人も自然に集まる。辺鄙であるからこそ、そこに就職する際には、それなりの覚悟が必要になってくる。都会の便利な生活に慣れた人にとっては、不安は大きい。ゆえに、そこには腹をくくった人しかいない。そういう意味で、高いモチベーションを持った人たちで成り立つ組織である。

また、育成という観点でも、「辺鄙な場所だからいい」と中村氏は言う。同社が扱う技術は、習得するのには長い年月がかかる。そのスピードと都会のスピードは明らかに合わない。したがって、都会に会社があれば、働いている社員は焦り始め、技術の習得がおろそかになってしまう。そういう意味でも、辺鄙な場所が競争力の源泉になるという事例でもある。

創業してこれまで売上が落ち込んだことはない。順調に伸びている。規制で守られているわけでもないし、業界全体が活性化しているわけでもない。一人ひとりの顧客を大切にし、顧客の役に立つ商品を考え、開発している。そして、その姿勢を働いている人全員で共有している。技術水準は、日本を超えて世界レベルであり、常によりいい商品づくりに邁進《まいしん》している。同業とともに共存共栄を図り、無理な拡販をしない。結果として、持続的な成長を維持している。

働いている人を信頼して、任せている。会議はほとんどなく、人事的な管理も最小限にしている。社長と働いている人、働いている人同士、非常に親密な関係である。しかしながら、昔ながらの家族主義ではない。社員の目線は内側ではなく、顧客であり、グローバルであり、常に外側を向いている。中村氏の留学経験も関係しているかもしれないが、職場の人間関係にウェットなものは感じない。

中村ブレイス社は、本書で主張している四つの条件をすべて満たしている「いい会社」の事例である。「いい会社」は、大企業だけではなく、中小企業でも展開できる話なのだ。

世界最古の企業と世界最古のホテル

日本最古の企業は、西暦五七八年創業の「金剛組」で、世界最古でもある。

「金剛組」は、神社仏閣の建築設計・施工、城郭や文化財建造物の復元や修理等を主に手がけている会社であるが、二〇〇五年に資金繰りの悪化により、高松建設から支援を受け、高松建設の子会社として再生している。

西暦五七八年というのは、飛鳥時代であり、聖徳太子が生存していた時代である。実際、聖徳太子から四天王寺の建設を頼まれたのが、創業の契機となっている。一四〇〇年以上継続できた理由は、釘などの金物を使わず、木を加工し、組み立てる技術力である。三〇〇年以上の風雪に耐えるために、見えないところにも気を配り、木の素材を生かしきる技術である。その技術は、長い歳月をかけて、棟梁から弟子へ伝承されていく。ただし、「金剛組」は管理業務を行うだけで、実際には、その傘下に一〇〇名以上の宮大工がいる。その宮大工に仕事を行き渡らせるのが「金剛組」の仕事である。

その「金剛組」は、先祖代々の教えである堅実な経営を逸脱し、事業拡大、多角化へ走り、資金繰りを悪化させた。具体的には、マンションやオフィスの建設へと手を広げすぎ、負債を増やしてしまった結果、存続が危ぶまれたのである。現在は、高松建設から小川社長が送り込まれ、「本業回帰」を行い、黒字経営になっている。

世界最古のホテルも日本に存在する。石川県粟津《あわづ》温泉にある温泉旅館の「法師」は、西暦七一八年創業である。ギネスブックにも登録され、家業歴二〇〇年以上の企業のみ加盟を許される老舗《しにせ》企業の国際組織エノキアン協会でも最古の創業企業として加盟している。

現社長の法師善五郎氏は四六代当主である。一三〇〇年の歴史を背負うゆえ、子どもの代、孫の代へいかにつなげていくかということが最優先課題である。利益を上げなければならないが、その利益は次へ継承していくためにうまく投資していかなければならない。伝統を守るだけでは次へ続かない。実際、ダンスホール、子どもプールをつくり、そして、プールを能舞台へ作りかえ、薪能《たきぎのう》を展開している。伝統と革新が、世代を超えて継承されている。

長寿である要因

帝国データバンクによると、明治末年（一九一二年）までに創業した企業は、二万四二二三四社あり、明治維新（一八六七年）以前に創業した企業は、二八七九社である。さらに、「金剛組」や「法師」のように、江戸幕府の開府（一六〇三年）以前に創業した企業は、一三九社にのぼった。明治より前に限ると、「清酒製造」や味噌、醤油などの「調味料製造」、「旅館」「菓子製造販売」のような業種への偏りがあり、明治時代では、やはり「衣」「食」「住」に関連する企業が多い。

そのため長寿企業の特徴を論じる際には、業種の偏りがあることを割り引いて考える必要がある。たとえば、「衣」「食」「住」関連の業界は、「電機」や「自動車」などのほかの業界に比べると、景気による変動は小さい。だからこそ、長寿であったことも否めない。しかしながら、一〇〇年の激動の中を乗り越えた経営には、これからの経営を考えるうえでのエッセンスがある。

亜細亜大学教授の横澤利昌氏が中心に行った長寿企業の調査によると、長寿企業が長寿である要因は、「本業重視」と「品質本位」であると、七六％の企業が答えている。次に大事な要因は、「顧客ニーズに合わせた商品の改良・開発」で、六四％の企業から支持され、三番目は「従業員の育成」で、五七％である。

また、同調査では、「変化させていないこと」と「時代に応じて変化させたこと」を訊《き》いている。

「変化させていないこと」の代表的なものは以下の通りである。

- 顧客第一主義
- 本業重視・堅実経営
- 品質本位
- 従業員重視

●企業理念の維持

一方で、「時代に応じて変化させたこと」は以下の通りである。

●顧客ニーズへの対応
●時代に合わせて販売チャネルを変更
●家訓の解釈を時代に合わせる

この結果から、「品質本位」「顧客第一」「従業員重視」という考え方を守りつつも、時代に合わせて、顧客に合わせて、商品を変革し、販路を変えていっていることがわかる。つまり、核となる伝統を継承しつつも、顧客ニーズの変化に合わせた革新を常に行う二面性を持っている。

また、基本理念として財務的な目標が語られることは少なく、「先義後利」「利は余沢」（近江商人）「苟《いやしく》モ浮利《ふり》ニ趨《はし》リ、軽進スベカラズ」（住友家）のように、社会に仕え、顧客に仕えることをもっぱら行うことによって、結果として利益を得ることができるという考え方を持つ企業が多い。ゆえに、むやみやたらに売上拡大を図らず、多角化にも慎重である。

「本業重視」と言いながら、実際、長寿企業を見てみると、その業態は少しずつ変えている。「金剛組」のように、当初の業態をまったく変えていない企業のほうが少ない。

「村上開明堂」（一八八二年創業）はもともと鏡台の製造を行っていた。一九五八年に自動車ミラーへ進出し、現在ではバックミラーの最大手である。

歴史を振り返り、鏡台の技術を応用して自動車のミラーをつくったということは簡単であるが、それまでとは異なる製法をトヨタ自動車から要求され、そのミラーを製造する装置への投資は、五〇〇〇万円近くに達した。当時としては、大変な額であった。しかし、その投資が次の世代の繁栄をもたらした。

「福田金属箔粉工業」（一七〇〇年創業）は、もともとは蒔絵《まきえ》や屛風《びょうぶ》、仏具などの装飾用金箔の製造を行っていた。近代に入り、真鍮粉《しんちゅうふん》の生産、タバコ包装用スズ箔の生産を行い、戦後、プリント配線基板用電解銅箔の生産を行った。電解銅箔の技術は戦前から屋根瓦用として開発されていた。その後、長い間、商品化に至っていなかったが、カラーテレビの爆発的な普及に伴い、電解銅箔の注文が殺到した。現在は、耐熱・耐薬品性のある金属箔は携帯電話やパソコンのようなエレクトロニクス商品には不可欠である。電磁波を遮断するシールドも同社が提供している。

ここ一五年で倍に成長したキッコーマン

キッコーマンは、一七世紀に千葉県野田市に創業以来、三〇〇年以上にわたって、醬油を作り続けている。長寿企業であると同時に「働きがいのある会社」の上位にランキングされている会社である。連結売上は二〇〇九年三月期で四一二六億円、営業利益二〇三億円、従業員数は五〇〇〇名を超えている。「醬油」という保守的な商品を扱う一方で、売上の四分の一は海外であげている。営業利益では五〇％以上が海外であり、グローバル企業でもある。

一九九五年度の連結売上が二〇三二億円、営業利益が一〇七億円であった。ということは、この一五年で売上、利益ともに倍に成長していることになる。老舗企業というよりも躍進企業のような飛躍的な成長ぶりである。米国、ヨーロッパをはじめとした海外での醬油文化の普及活動の賜物である。

食文化は保守的である。味付け、調理方法、慣習が変わるためには、数十年の歳月を要する。米国進出から五〇年、欧州進出から三〇年。健康に関する興味から日本食に対する興味関心が追い風になって、この一〇年、順調に売上が伸びてきている。海外でもブランド認知がされるようになってきた。

現会長の茂木《もぎ》友三郎《ゆうざぶろう》氏の著書『キッコーマンのグローバル経営』によれば、主力商品の醤油では、シェアが断トツの一位。二番手の企業と倍以上の差があるがゆえに、おっとりした企業風土がある。入社以来、海外部門が長かった茂木氏は、その企業体質に危機感を抱き、一九九五年の社長就任時に①「経営の姿勢——守りから攻めへ」②「経営のサイクル——スピードを上げる」③「経営の原点——消費者本位に徹する」④「経営の目標——地域社会にとって存在意義のある会社に」⑤「グループ経営——キッコーマン・グループ力の強化」という五つの経営方針を打ち出した。

キッコーマンは、人を大切にし、海外においても日本的な雇用形態を踏襲している。「長寿であり続けたのは、人を大切にしてきたから」と人事部長の松崎毅氏は語る。人事の基本方針は「一人ひとりに向き合う」ことを強調しており、「一人ひとりに向き合ってきた」ことを誇りにしている。

米国においては、年功序列や終身雇用の制度は採用していないが、「安定雇用」の考え方を導入している。会社がピンチになってもレイオフするのではなく、残業抑制、賃金カットを行うにとどめる努力をするという考え方である。こうした「安定雇用」の考え方は、現地でも評価され、入社を希望する応募者も増えているということである。

経営資源は、「ヒト」「モノ」「カネ」とし、資源の一要素として従業員を扱っている企業も多いが、キッコーマンではそういう見方をしない。パートタイマー、派遣社員を含めて人を大切に扱っている。

日本の制度は、終身雇用、年功序列の要素は残しつつ、外部労働市場の発達に応じて、貢献や市場価値に応じた報酬、職務中心の賃金体系へ緩やかに移行してきている。貢献に応じて社員を適正に評価しなければ、優秀な社員が外部へ移ってしまう、あるいは優秀な社員が集まらないというリスクがあると考えている。実際に、二〇〇一年に人事制度の改定を行った。職務ベースの制度も検討したが、キッコーマンにとってメリットがあるとは思えなかったので、あえて導入を見送っている。時代の流行に安易に流されない姿勢である。

「働きがいのある会社」調査でも、経営トップからのメッセージ、雇用の安定、給与水準、休暇の取りやすさ、福利厚生の充実、表彰制度の充実から、「ひとを大切にしている」という同社の組織風土が感じられる。また、「人間の基本である食に携わるメーカー」「商品を通じて、世の中のためになっていることを感じることができる」「日本の食文化を世界に発信している稀有《けう》な食品企業」「食育に大いに貢献している」などの、会社あるいは仕事に対する「誇り」を感じるというコメントが多いのも特徴である。

一九二〇年代、醤油工場で働く従業員の労働条件をめぐって労働争議があった。最終的には会社側が勝利したが、会社にとっては教訓となり、労働条件の改善と、経営理念としての「産業魂」を掲げた。当時の社長はこう語っている。

産業は単に利潤追求を目的とするものではなく、賃金獲得の場として存在するものでもない。企業を通じて社会の福祉、国家の進運に寄与すべき公共の義務を負うものであり、関係者はこの理念を基本として、公共に奉ずる精神で仕事に当たらねばならない。

（『キッコーマンのグローバル経営』茂木友三郎）

この「産業魂」の精神はその後も受け継がれ、現会長茂木友三郎氏が社長に就任したときにも、経営の目標として、「地域社会にとっての存在意義のある会社」として打ち出したのである。

公共に対する奉仕を重視する姿勢は、創業の一七世紀以来一貫している。天明《てんめい》、天保《てんぽう》の大飢饉の際には、難民を救済し、一九二三年から七五年までの五二年間、本社のある千葉県野田市において、地域住民に水道水を提供した。二一年に新工場を建設した際に井戸を掘削したが、工場で使用する水量としては余裕があったので、野田住民に供給したということである。

その精神は現在にも脈々と引き継がれている。それは単なるお題目ではなく、それぞれの現場で常に、「自分たちでなければできないことは何か」と問うている。

社会活動は、「食・健康・国際交流・環境」のテーマで、（1）個人（2）各地域エリア（3）全社的活動の三つの視点から行われている。

地域活動も活発に行っている。野田市においては、従来から実施している工場周辺のクリーンアップ作戦や近隣のお祭り、剣道大会、バドミントン大会などスポーツ支援は単に寄付だけでなく、運営に至るまで一緒に協力し、社会福祉協議会と連携しながら年間活動計画を設定して多様な支援活動を展開している。国際的な食文化振興に寄与するために、一九九九年、会社設立八〇周年記念事業の一環として野田本社新社屋に隣接して「国際食文化研究センター」が設立された。「発酵調味料・しょうゆ」を基本とした国際的な研究活動、文化・社会活動、情報の収集・公開を目的としている。

同種の活動は、野田市だけではなく、米国での第一工場地ウィスコンシン州ウォルワースでも行っている。できるだけ地元企業と取引し、できるだけ現地の人を採用・登用している。地域が開催するさまざまな行事やイベントにも積極的に参加し、地域と共存共栄を図っている。「現地のよき企業市民になる」ことはキッコーマンの海外展開での原則になっているのである。

長寿企業の特徴

海外においても企業の寿命に注目した研究がある。その代表例がロイヤル・ダッチ・シェル・グループのアリー・デ・グースによって書かれた『リビングカンパニー（現邦題：企業生命力）』である。グースのチームは、長寿企業二〇社について詳細に調べ、四つの共通要素を発見している。

①環境に敏感に対応している。常にアンテナを張って、周囲の動きに合わせて行動を起こしている。環境に適応できなければ、永続することは難しいことを会社の文化として埋め込んでおり、積極的に情報をとりにいっている。

②強い結束力を持っている。組織への帰属性、企業の成果と個人の成果を一体化させる特性を持ち、従業員は、自分たちはみんな一心同体と信じている。経営者も自分が企業の長い歴史の中の鎖の輪であることを自覚し、行動している。

③結束力を損なわない限り寛大である。現場の人たちの判断を大切にし、活動の自由度は高い。

④資金調達は保守的である。慎ましく倹約し、質素を旨としている。

前述したように、日本の長寿企業もまた、四つの共通要素を有しており、時代とともに変わる顧客のニーズに合わせて、商品の改良や新しい商品を開発している。「村上開明堂」も「福田金属箔粉工業」も環境に対応したからこその生き残りである。

キッコーマンに代表されるように、日本の長寿企業は、人を大切にし、長い時間をかけて技術を伝承し、独自のコミュニティを形成する。また、身の程を知り、分相応の生活を心がけ、むやみな事業拡大や多角化は行っていない。

「金剛組」は事業を拡大させようとして失敗した。一方で、「村上開明堂」や「福田金属箔粉工業」は、顧客の要望に応えながら、事業拡大に成功している。その違いは、独自の技術を持っていたかどうかの違いである。「金剛組」は、マンションやオフィスビルに事業を広げていった。そこは、マーケットは大きかったかもしれないが、「金剛組」独自の建設が生かせず、競合優位性が発揮できなかったと言える。

グースは触れていないが、日本の長寿企業にある特徴として、「社会との共存」があげられる。自社の利益を追いかけるのではなく、社会の中で存在意義を明確に持つことによって、時代の流れの中で生き残ってきたと読み取れる。社会の中で生かされていることを意識することによって、社会はその企業を認め、その企業の商品を買うことへつながっていく。あるいは、キッコーマンのように地域社会に根ざした企業であるからこそ、そういう企業で働きたいと思う従業員が増え、その企業で働くことを誇りに感じていけるようになる。結果として、売上・利益を継続的に上げ続け、企業として存続している。

「いい会社」のポイント

「財務的業績のいい会社」と「長寿企業」の共通点は、前にあげたように、①時代の変化に適応するために自らを変革させている、②人を尊重し、人の能力を十分に生かすような経営を行っている、③長期的な視点のもと、経営が行われている、④社会の中での存在意義を意識し、社会への貢献を行っている、であった。

一方で、「財務的業績のいい会社」と「長寿企業」の両者の最大の相違点は、事業展開の革新性／保守性にある。商品レベルの改善、改良は両者とも積極的であったが、新しい事業を創造していくことや新たな技術、コンピテンスの獲得に対しては、「財務的業績のいい会社」のほうが、革新的である。

キヤノンは、一九六〇年代前半から長期計画に基づいて電卓や複写機などカメラ以外の分野に進出していった。「右手にカメラ、左手に事務機」というスローガンで、カメラ専業会社からの脱皮を図っていった。六九年に社名もキヤノンカメラ株式会社からキヤノン株式会社へ変更している。カメラも複写機も光学技術という観点では近接していたが、新しい技術の獲得やコア・コンピテンスの拡張を図っていった。時代を先取りして、自らを変革させていったと言える。

それに比べて、「長寿企業」は、新たな領域へ事業を展開させていくことに対して保守的である。それよりはコア・コンピテンスを見きわめ、それを深める方向に事業を展開している企業が多い。老舗旅館における、上品な「おもてなし」、こだわりの「料理」、寝具、石鹼、調度品、徹底した掃除などのクオリティの追求がまさに競争優位性であり、コア・コンピテンスの追求である。しかしながら、古くささを感じさせない時代感覚を持ち合わせていることが長く続く条件となっている。

一五二〇年代に創業した和菓子製造販売会社の虎屋も、一九八〇年にパリ、九三年にニューヨークに出店し、二〇〇〇年からオンラインショッピングを始めた。その後、TORAYA CAFÉを展開している。伝統の味を追求しながら、商品点数を充実させ、販売、流通形態を時代に合わせて革新させている「長寿企業」の事例である。

筆者たちは「いい会社」では、従業員との関係づくり、信頼構築を丁寧に行っているという仮説を持っていたが、実際にその通りであった。「財務的業績のいい会社」でも「長寿企業」でも企業に出向き、取材したところ、「人が財産」「人を尊重している」「一人ひとりに向き合っている」という話を聞くことができ、信頼構築に重きを置いていた。

しかし「長寿企業」に比べて「財務的業績のいい会社」のほうが、前述したように、人に対する「やさしさ」と同時に「厳しさ」もあった。ほとんどの「長寿企業」では、二〇〇〇年前後まで年功序列的な人事制度を行っていたが、「財務的業績のいい会社」では、成果主義人事制度導入以前から、評価は年功序列的というよりも会社に対する貢献や実力によって決められているケースがほとんどであった。

一方で、対仕事という観点では、「長寿企業」「財務的業績のいい会社」両者に共通して、ある種の厳しさを持っていた。品質を高めるため、あるいは顧客ニーズに応えるために、仕事に向かう姿勢を厳しく問う。また、知識や技術を身につけるために、厳しい試練が用意されていることも多い。しかし、その背景には、従業員と会社・経営の間に信頼関係が構築されていることが話の端々に感じられた。つまり、人に対して「やさしい」か「厳しい」かという問題より、「一人ひとりに向き合い、血の通った人間として見ているかどうか」という姿勢が信頼形成に寄与していると考えられる。

多くの「いい会社」でも、一九九〇年代後半から二〇〇〇年代前半にかけて、事業の構造改革を行い、将来性のない事業からの撤退を行っている。また、非正規社員の活用、成果主義人事制度を導入している。早期退職を促すような施策を行っている会社もあった。

ある「いい会社」の人事の人にインタビューしてみると、「新しい制度を導入するときには、つとめて一人ひとりと向き合ってきた」と語っていた。同様の言葉は、他の「いい会社」の人事の人からも聞くことができた。実際、働いている人に聞いても、そのような話は出てくる。したがって、「いい会社」においては、働く人との信頼感に関して、十分に注意を払いながら、さまざまな厳しい施策を行ったのではないかと推測できる。

人に注意を払い、人に向き合うことは相応のマネジメントコストがかかる話であるが、ほぼ例外なく「いい会社」において、そのことが実行されているということは注目に値する。

信頼は一方的な感情というよりも、相互作用で起こるものである。経営側や会社から信頼されていなければ、その経営側や会社を信頼することは難しい。逆に、会社から信頼されれば、その会社を信頼し、その会社のために頑張ろうと思えてくる。

経営側や会社からの配慮は大事である。

しかし、そのような会社からの配慮以前に、そもそも会社が行っていたことやこれから行おうとしていることが信頼に値するのかどうかということも大事である。

「長寿企業」や「財務的業績のいい会社」を探索し、その会社に触れることによって、そういう当たり前の事実にあらためて気がついた。

個と組織が健全な信頼関係を構築するためには、「会社そのものが信頼に値すること」

と「一人ひとりに対して向き合い、血の通った人間として見ること」の二つの観点が大切である。

次章では、「いい会社」の条件の一つであり、「個と組織」の信頼関係に影響を及ぼす「社会の中での存在意義」に焦点をしぼって議論を深めたい。

第四章　あらためて問われる社会の中での存在意義

信頼形成のベース

「信頼」の研究で著名なカーネギーメロン大学のデニス・ルソーは、「信頼とは、他者の意図や行為に対する好意的な期待に基づき、自己の脆弱性《ぜいじゃく》をよしとする意図を生じさせる心理状態のこと」と定義した。

学術的な表現でわかりにくい。平たく言うと、「他者が自分に悪いことはしないだろうという期待を持ち、そこに身を委ねたり、弱みを見せたり、リスクをさらしてもいいという心理状態になること」である。

たとえば、会社の同僚から一〇万円貸してほしいと頼まれるケースを考えてみよう。それまでの同僚の行動を考えながら、貸すかどうかを考える。常に言動が一致していれば、返済は大丈夫だろうと考える。

あるいは、もうすぐボーナスが出るし、その額から考えても、まあ返せるだろうと考える。

あるいは、毎日、顔を合わせるわけだから、返せないという状態を同僚も望まないだろうと考える。

あるいは、同僚は結構いい車に乗っているから、いざとなれば車が担保になると考える。

あるいは、ここで貸せないと言ったときに、同僚との関係性がどうなるだろうかということを考える。

そういうことを総合的に考えて、同僚にお金を貸すことを決める。ここでは、同僚は自分に悪いことはしないだろうという期待のもと、一〇万円のリスクをとることに関して、それでもいいという心理状態を「信頼」と定義する。

会社への信頼も同様である。「会社は私を悪いようには扱わないだろう。だから、自分の時間を会社のために使って働こう」という心理状態が会社への信頼である。

同僚への信頼は同僚の人格、返済能力、未来の関係性等さまざまな要素はあるものの、信頼形成のベースは、昨日から今日、そして未来への一貫性である。昨日まで信頼に値する行動をしていれば、今日も明日も信頼できるだろうと考える。

昨日まで使えた一万円だから今日も使えると思うし、明日も使えると思う。貨幣への信頼であり、それを支える社会への信頼である。

社会や電鉄会社への信頼があるから、満員電車に乗れる。昨日まで安全に乗れたから今日も乗れるし、明日も乗れる。昔、米国から日本に遊びに来た友人と一緒に満員電車に乗ろうとしたが、彼は怖くて乗れないと言う。隣の誰かわからない人が突然ナイフで刺すかもしれないと言う。彼が言うことはもっともであり、合理的に考えれば、あり得ることである。昨日まで安全に乗れたという信頼が蓄積されていない。

信頼は、過去から現在に至る、一貫性から生まれる。

会社への信頼も過去から現在に至る一貫性から生まれる。しかし、企業を取り巻く環境は変化している。それに応じて、自らも変化しなければ生き残れない。だから言動は変わらざるを得ない。

それでも顧客、株主、従業員と信頼関係を構築していかなければならない。企業経営のジレンマである。変わる環境に対して、過去から現在、そして未来に向けて変えないものを持っていなければ信頼は形成されない。

それが経営理念であり、企業の存在意義である。

どんな時代においても変わらない経営理念、存在意義である。

不動の経営思想である。

それが変わってしまえば、その会社ではなくなってしまうものである。

不動の「社会の中での会社の存在意義」がわかっていれば、一貫性は担保され、信頼形成のベースになる。

●キッコーマンは、経営の目標として「地域社会にとって存在意義のある会社」としている。
●松下幸之助氏は、水道哲学（183ページ参照）を確立した後は、迷わず、社会の中で生かされている、聖なる経営を目指していった。
●本田宗一郎氏は、他社との競争関係に目がくらみ、社会の中での会社のあり方という視点を忘れたことをきっかけに社長を退任した。
●トヨタウェイのベースは、長期的視点とともに、社会全体に対するコミットメントである。
●花王ウェイにおいて、花王の使命は、「消費者・顧客の立場に立って、心を込めた『よきモノづくり』を行い、世界の人々の喜びと満足のある、豊かな生活文化の実現に貢献すること」である。
●武田國男氏は、がん治療の療養中に、「人々の健康とすこやかな生活に貢献する」という経営理念を標榜する重みを再認識した。
●中村俊郎氏は、「障害者、あるいは高齢者のような社会的弱者の方々が人間の尊厳を失わないで生きていくことを支えること」を会社の存在意義にしている。

ドラッカーは、著書『マネジメント』の中で、マネジメントには三つの役割、すなわち「自らの組織に特有の目的とミッションを果たすこと」「仕事を生産的なものとし、働く人たちに成果をあげさせること」そして「社会的な貢献を行うこと」があると述べている。

マネジメントには、自らの組織が社会に与えるインパクトを処理するとともに、社会の問題の解決に貢献する役割がある。いかなる組織も社会の機関であって、社会のために存在する。企業も例外ではない。企業は事業に優れているだけでは、その存在を正当化されない。社会の存在として優れていなければならない。

（『マネジメント』ドラッカー）

社会起業家の誕生

「僕らはモノ社会で頑張ってきた世代だけど、その延長線上には未来はないんだもの。僕らはいわば利益共同体を生きてきた。いまの若い人たちはＮＰＯなんかに使命感を持っている。僕はそっちの価値観が正しいのだと思う」。カルチュア・コンビニエンス・クラブを創業した増田宗昭氏に、リーダーシップ育成論に関して、インタビューをした時の言葉である。

資生堂元名誉会長・福原義春氏にも同様のインタビューを行った。

「これからはＮＰＯで働く人々のモチベーションを、営利組織である企業の人の動機づけにいかに応用するか。未来のリーダーに求められるのは、そんなリーダーシップではないでしょうか」

福原氏がニューヨークのメトロポリタン美術館を訪ねたとき、こんな体験をした。ある展覧会のレセプションに招待され、通用口から招き入れられて入ってみると、そこにはたくさんの人々がいて、手厚いもてなしを受けた。

あとからわかったことだが、そのもてなしを受けたのは本来休館日である月曜日。美術館で接待してくれた人々は、警備員も含めて全員がボランティアだったのである。

「その人たちの生き生きした姿を見て、私は現代の会社組織はどこか狂っているのではないかと思いました。無給で働くボランティアの人のほうが、給料をもらって働く人より高い志をもって活動している」

（『日本型リーダーの研究』古野庸一）

奇《く》しくも、二人の著名な経営者から、「自分たちの価値観は、これからは通用しない。これからのリーダーにはＮＰＯマインドを持つ、あるいは、わかることが求められている」と聞き、その感性の鋭さ、謙虚さに驚くとともに、次の時代を予感した。

二〇〇〇年秋から、社会起業家（ソーシャル・アントレプレナー）の講座が、ハーバード・ビジネススクールとスタンフォード・ビジネススクールで開講されるようになった。

日本でも、NPO法人（特定非営利活動法人）に関して、一九九八年に法制度が整備されたこともあり、「社会起業家」は注目され始めてきた。多くのIT起業家がITバブル崩壊とともに消える一方で、社会起業家は増加傾向にある。二〇〇八年に経済産業省がまとめた「ソーシャルビジネス研究会報告書」によると、ソーシャルビジネスを行っている事業者は約八〇〇〇、市場規模は二四〇〇億円、働いている人は三・二万人である。

社会起業家は、イギリスでサッチャー政権時代に生まれた。サッチャーは「小さな政府」を標榜し、税金のムダを省いていった。しかし、誰かが担わなければならない公的サービスは残る。そのサービスを「官」ではなく「民」が担っていった。

たとえば、若者の就職支援を民間に委託し、より多くの若者を職に就かせることに成功した。二〇〇〇年代はじめに、その概念は、日本に輸入された。「ジョブカフェ」である。ジョブカフェでは、フリーター、ニートになっている若者に対して、民間企業に委託し、就職支援を行った。

イギリスでは、社会起業家が行う社会的企業（ソーシャル・エンタープライズ）の事業は、はじめ政府からの補助金で活動していたが、やがて補助金は打ち切られていった歴史がある。そこに起業家の手法が取り入れられ、持続可能なビジネスモデルを開発していった。持続可能なビジネスモデルをつくり上げていったところに、従来の慈善団体との違いがある。

二〇〇一年に米国で「アキュメン・ファンド」を立ち上げたジャクリーン・ノヴォグラッツは、「これまでのチャリティは、穴のあいたコップに水を注ぐようなムダがある」と語る。「アキュメン・ファンド」は、インドやアフリカの何億人という貧困者を救済するためのファンドであるが、ファンドがムダに終わらないよう、社会改革の進捗《しんちょく》状況を計測している。

慈善活動は、その高邁《こうまい》な精神に目がくらまされるが、寄付をした人から見れば、寄付したお金がどのように使われているのか、不透明な部分も多い。そのため、次に寄付するときにためらってしまうことがある。ゆえに、多くの慈善活動が、一過性の活動に終わる。

その点、社会的企業は、社会の問題を解決するために動いており、それがどのように解決されていっているのかということを計測し、必要があれば、ステークホルダー（利害関係者）にきちんと説明している。慈善活動ではなく、まさに企業活動である。

寄付で成り立っている社会的企業も多いが、ドネーション（寄付）という言葉から、ソーシャル・インベストメント（社会的投資）という言葉へ徐々に変わっていっている。その投資に対して、ソーシャル・リターン（社会貢献の成果）がどのくらいあったのか、社会起業家は投資家に説明義務を負っている。

ビジネスの目的が社会貢献

寄付に頼らない社会的企業も多い。普通のビジネスをしている。しかし、第一の目的が社会貢献あるいは社会問題の解決である。株主へのリターンや利益は目的ではないが、事業を持続し、継続するためには利益は必要である。

世界で最も有名な社会起業家は、グラミン銀行を立ち上げ、二〇〇六年にノーベル平和賞に輝いたムハマド・ユヌスである。ユヌスは、一九七一年にバングラデシュが独立したのを機に、留学先の米国から帰国した。故郷の大学で教鞭をとっていたが、祖国理解のために赴いたジョブラ村で、厳しい貧困の現実を目の当たりにする。以来、「貧困の撲滅」という使命を自らに課し、グラミン銀行を立ち上げた。

ユヌスは、普通の銀行が行っていることと反対のことを行っていった。貧困層の女性に無担保でお金を貸していった。しかも、融資の相談をカウンターで待っているのではなく、自ら出向いていき、お金を貸していった。普通の銀行の常識では考えられないことであった。

貧困の女性は、少しの元手があれば自立できる。そして、自立していけば、借りたお金をきちんと返すことを発見していく。無償の援助ではなく、融資による貧困の撲滅である。慈善事業では人の尊厳を損なうが、融資であれば自助努力を促し、人としての尊厳を保ち、自立していく。

現在、グラミン銀行の従業員は二万人を超え、借り手は八〇〇万人、総額八〇億ドル以上、返済率は九八％を誇り、成長を続けている。

二〇〇一年秋山をね氏が立ち上げたインテグレックスは、「社会的責任投資（ＳＲＩ：Socially Responsible Investment）」という新しい投資を促しているファンド企画、調査会社である。

私たちはお金を銀行に預けるが、そのお金がどこに融資されているかわからないし、コントロールもできない。いい会社かもしれないし、偽装工作を行っている食品会社かもしれないし、兵器をつくっている会社かもしれない。自分のお金であるので、有効に使っているらいたいと思っても不思議ではない。ＳＲＩファンドは、社会に対して責任を果たしている誠実な会社を選んで、投資銘柄に組み込んだものである。二〇〇四年五月にＳＲＩファンド国内第一号となる「ダイワＳＲＩファンド」が誕生した。募集一ヵ月で二八〇億円のお金が集まった。

グラミン銀行もインテグレックスもビジネスをしている。しかし、目的はあくまでも社会貢献であり、社会の問題を解決したいというところから始まっている。そういう意味で、株主へのリターンや利益を上げることを目的とした営利企業と一線を画している。社会起業家は、世の中に起こる「何かおかしい」ことに遭遇し、「何かおかしい」と感じる感性がある。センス・オブ・ワンダーの感性に通じる。そして、「何とかしなければならない」と思う。そして、自ら立ち上がる。その思いに共感して、人が集まる。

社会の問題は米国型資本主義では解決できない

一九八九年にベルリンの壁が崩壊したのち、世界は資本主義一辺倒に傾いていった。特に、米国型グローバル資本主義、株主価値を最大にする資本主義の波が一気に世界に広がった。ＩＴと金融商品の相性は良く、グローバルに瞬時にマネーが動く世界になった。金が金を産む世界になり、米国の金融業界は世界で最も儲かる産業となった。金融業界全体の収益は、一九八〇年代は非金融部門合計の収益の五分の一程度であったが、二〇〇〇年代には二分の一にまで増えている。

そういう世の中が「おかしい」と感じていた人々は、社会起業家だけでなく、多くの若者にもいた。カルチュア・コンビニエンス・クラブの増田氏や資生堂の福原氏が指摘したように、社会をよくしたいと純粋に思っている若者が増えてきた。社会に起こっている問題は、米国型資本主義では解決できないということである。地球温暖化や資源の枯渇の問題に目を向けたとき、むしろ米国型資本主義が原因になっているということがわかってきた。日本におけるNPO法人数は、一九九八年の制度化から毎年増え続け、二〇〇七年末で三万三三八九となった。

若者は、自分たちの世代の行動によって、地球の未来が決まることがわかっている。一九五〇年に二五億だった人口は、二〇〇八年で六七億人である。その間に、世界総生産は八倍になっている。二〇五〇年までには、人口は八〇億人、一人当たりの所得は四倍になると予想されている。世界総生産は現在の六倍になる。エネルギー、食糧、水などの資源の使用量、CO_2の排出量は、世界総生産に比例すると言われている。六倍のインパクトは、テクノロジーが変わらないとすれば、人類の存続に大きな影響を与えることになる。

日本の二〇代の若者は、多感な時期にバブル崩壊後のデフレ経済を経験している。モノはあふれているものの、その後、今日よりも明日がよくなるというより、むしろ悪くなっている社会で育っている。世帯当たりの平均所得は、一九九七年の六五七・七万円から二〇〇七年の五五六・二万円へ減少。一五・四％の下落である。世帯当たりの人員数は減っているが、それ以上の下落率である。学校における環境教育も充実し、エコやロハスという言葉も自然に耳にしている世代である。少子高齢化が進み、年金の負担、破綻も気になる世代である。

若者が車に乗らなくなってきている。二〇〇〇年と二〇〇七年の調査結果を見てみると、二〇代の車の所有率（二三・六％→一三・〇％）も所有欲（四八・一％→二五・三％）も半減している（「日本経済新聞」二〇〇七年八月二二日）。この結果に対する大人の反応の多くは、悲観的であった。「もっと購買欲を持たせなければならない」「いまの若者は、欲が少なすぎる」「そんなことでグローバル競争が戦えるのか」といった論調であった。

いまの若者は、大人から見れば頼りないと映るかもしれないが、育った環境、そして未来を考慮したとき、まんざら悪くない、というよりむしろ好ましい行動、価値観である。モノに執着しないとも言えるし、達観しているという見方もできる。そのような時代であるがゆえに、社会的企業は、多くの若者を惹きつけ始めている。

CSRへのさまざまな考え方

一九九〇年代後半から二〇〇〇年代前半にかけて、米国型の株主重視の資本主義の大きなうねりを受けて、米国流の経営手法がグローバルスタンダードとしてもてはやされ、多くの企業で、その手法を導入していった。縮小していく日本市場に比して、東欧諸国、中国、インド、ロシアといった勃興する市場にどう対応していくのかという問題、あるいは外国人株主の増加、経営リスクの増加ということを考えたとき、従来の日本型経営は、効率性、株主価値、透明性、公平性、迅速性、そして説明責任という観点で、問題があったことは事実である。

その後、二〇〇〇年代前半から半ばにかけて、多くの企業では、資本の効率性の問題はかなり改善されてきた。その一方で、もともとあった日本的経営の長所を再度、見直しを図り、企業価値を、単に財務的価値だけではなく社会的価値や文化的価値に置くということが議論の俎上《そじょう》に上ってきた。同時に、「会社は誰のものか」「会社は何のために存在しているのか」という根源的な議論が起こってきた。社会の中における会社の存在意義である。

また、グローバル化を図るにあたって、トヨタ、花王、デンソーのような日本を代表する企業で、日本人の間では暗黙的に共有されていた創業の精神やコア・バリューを明文化していった。

そのような過程を経て、会社は社会の公器という原点に立ち返る経営者も増えてきた。

ヤマト運輸前会長の小倉昌男氏は、『小倉昌男　経営学』で次のように語っている。

企業の目的は営利であり、利益が出ている会社が良い会社であり、儲からない赤字の会社は、いくら良い商品を作り、優れたサービスを提供しても、良くない会社だ、という考え方の人もいると思う。要するに企業の存在価値は利潤を生み出すことにある、と割り切るわけだが、はたしてそれが正しい考えなのであろうか。

私はそうは思わない。企業の目的は、永続することだと思うのである。永続するためには、利益が出ていなければならない。つまり利益は、手段であり、また企業活動の結果である。

企業は社会的な存在である。土地や機械といった資本を有効に稼働させ、財やサービスを地域社会に提供して、国民の生活を保持する役目を担っている。さらに雇用の機会を地域に与えることによって、住民の生活を支えている。企業は永続的に活動を続けることが必要であり、そのために利益を必要としているのである。

（『小倉昌男　経営学』小倉昌男）

経済同友会は、食品業界の偽装工作にはじまる相次ぐ企業不祥事を重く捉え、二〇〇三年に、あらためて社会と企業の関係性を問い、『第一五回企業白書』としてまとめている。

「企業の社会的責任」をあらためて検討する理由として、経済同友会は四つあげている。「社会と企業が相互に与える影響度の拡大」「社会が企業を見る視線の変化」「行き過ぎた株主資本主義の是正」「個人の価値観の変化」である。

この頃から、企業の社会的責任（ＣＳＲ：Corporate Social Responsibility）という概念がクローズアップされてきた。

ＣＳＲに関して、大きく二つの考え方がある。企業は「経済的側面」で社会に役立つべきだという考え方と、「経済的側面」は当然として、企業経営に関わるすべてのステークホルダーに対して、責任を果たしていくという考え方である。

前者の例であるが、たとえばクリントン政権で労働長官を務めたロバート・ライシュは、『暴走する資本主義』で、企業が社会のために善行を行うことは好ましいと思いながら、次のように述べている。

大企業が情熱を持ってＣＳＲに取り組んだ理由は簡単だ。それは新聞で美談になるし、人々を安心させるからである。（中略）企業が「社会的責任を果たしている」と言った場合、自社の利益を増大するため企業は何でもするが、それをすることによってたまたま社会にもいくらか善いことをもたらしたというように拡大解釈しなくてはならない。

（『暴走する資本主義』ロバート・ライシュ）

経済学者で、米国型株主主権の資本主義の思想的バックボーンであるミルトン・フリードマンは、企業にとって大事なことは利益を上げることであり、社会的に有益なことをすることではないと一九七〇年代に言っている。

利益の一部をＣＳＲと称して、社会貢献活動に充てていくということは、株主が得るべき利益を盗む行為に相当する。あるいは、その利益を再投資し、生産性を上げるか、商品の価格を下げることに使い、競争に備えなければならない。ＣＳＲに一所懸命に励む企業は、そうでない企業と競争した場合、生き残れない。それでもＣＳＲを行うのか、というのがライシュおよびフリードマンの主張である。

経済同友会はＣＳＲに対する考え方に関して後者の立場に立っている。つまり、株主、顧客、従業員、地域社会などのステークホルダーに対して、企業は責任ある行動が求められていると主張する。

会社は「社会の公器」と言い切れるのであれば、わざわざＣＳＲという概念を持ち出さなくてもいいという経営者も多数いる。実際、伝統のある会社には、家訓として、企業理念として、ＣＳＲ的な考えを持っているものが多い。

日本では古くは、近江商人の「売り手よし、買い手よし、世間よし」の「三方よし」が有名である。近江商人とは、近江（現在の滋賀県）出身者で、他の地域で活躍した商人のことを指すが、売り手、買い手だけでなく、私利を貪《むさぼ》らず、世間一般にとってもいい商売をすることによって、成功したと言われる。

一九三二年に確立した、松下幸之助氏の水道哲学は、社会の中での企業のあり方について悩んだ末の結論であった。「貧を無くすることは、すなわち人生至高の尊き聖業である」という理念のもと、「生産者の使命は、貴重な生活物資を、水道の水のごとく無尽蔵に、無代に等しい価格をもって提供することで、貧は除かれていき、生活の煩悩《ぼんのう》も極度に縮小されていく」という哲学である。

三菱商事の企業理念「三綱領」のひとつに、「所期奉公」という綱領がある。事業経営は国家的事業観に立つべきだという信念を、三菱四代社長・岩崎小彌太は持っていた。事業活動の究極の目的は社会への貢献だということである。

もともと、多くの日本の企業は、社会とともに生き、社会のためになることを心がけた。先にも述べた近江商人の「利は余沢」、住友家の「苟《いやしく》モ浮利《ふり》ニ趨《はし》リ、軽進スベカラズ」に代表されるように、利益を追いかけるのではなく、社会や人々に喜んでもらえるモノやサービスを提供し、結果として利益が出る。そういう企業に共感し、その実現に向けて働きたいと思う人々の原動力で、日本経済は牽引されていた。経済学者のレスター・サローも、『資本主義の未来』で、そういう日本型の資本主義のあり方を肯定的に捉えていた。

「社会の中で存在意義のある企業」は、地球環境をはじめとする社会との共生がより求められる世の中へシフトしてきていることを考えると、現代の事業経営には役に立たない古い概念というよりは、これからより必要になってくる概念であり、働く人にとってもより重要になってくる概念である。

社会起業家と社会貢献型企業

社会起業家は、社会の問題を解決するために活動をしている。活動を継続するためには利益を必要とする。一方で、ＣＳＲの動きは、性急に利益を追求する営利企業に対して、社会に対する責任をも同時に求めていく流れである。社会起業家の動きとＣＳＲの動きは、成り立ちから考えれば、反対からのアプローチである。

しかしながら、日本ではこの二つの動きは、もともとはつながっている。長寿企業でみられるように、日本の企業はもともと社会の中で生かされていることを意識し、自社の存在意義を明確にし、本業を通じて社会へ貢献している。

「会社は社会の中で生かされている」

多くの名経営者の口から出る言葉である。

雇用している人は会社の持ち物ではなく、社会からの借り物。そう考えれば、人を尊重し、その人の持ち味をその会社で生かしていく努力を会社はしなければならない。また、地域社会から理解・共感されなければ、会社から提供される製品やサービスを買ってもらえない。

メーカーが使用している資源（石油、鉄鉱石、アルミニウム、綿、ウール、木材、食物等）の多くは地球からのおこぼれである。したがって、社会や地球への還元を図っていく必要がある。そういう観点で、会社は社会の公器である。私物化してはならない。

このことは偽善やきれいごとではない。会社が社会の公器と認識することで、社会から受け入れられる会社をつくることができる。前述したキッコーマンのような長寿企業を見てみると、社会の中でうまく融合することが生き残る秘訣の一つにある。社会にとってなくてはならない存在になること自体、競争優位の原点である。

キッコーマンがなければ、日本以外での醬油は限定されたものになっていただろう。

アップルが携帯音楽に参入しなければ、携帯音楽はまだＭＤが主流であったかもしれない。

同じように、ユニクロ、ホンダ、トヨタ、ソニー、パナソニック、花王、シマノ、ヤマト運輸、アマゾン、グーグル、ヤフー、マイクロソフト、セブン-イレブンがなかったら、私たちは違う生活を送っていただろう。

それほど、各社は社会的影響力のある仕事をしている。

それに付け加えて、「世のため、人のため」ということが新しいサービスや製品をつくるときの原動力になる。高邁な目標が人々の共感を生む。それが「世の中の役に立つ」となれば尚更である。普段は眠っている一人ひとりの志に火をつける。その理想に向かって、それぞれの人間が努力をして、知恵を結集し、役に立つものをつくる。それこそ、寝食を忘れ、自らの限界を超えて組織やチームに貢献しようとする。そういう組織が競合優位性をつくる。そういう意味で、「社会での存在意義を考え、世のため、人のためになる会社づくり」を行うことは、きわめて実利的な戦略である。

もうすでに古典になった『コア・コンピタンス経営』の中で、ハメル&プラハラードは、次のように述べている。

ホンダ、キヤノン、ソニーやシャープといった企業が実践していた、いわゆる日本的経営は集団思考とか、個人を犠牲にした会社への忠誠、和の追求の産物というよりは、ストレッチの産物なのである。野心が経営資源を永遠に上回っているというストレッチこそが、競争優位を生み出すエンジンの燃料である。

（『コア・コンピタンス経営』ハメル＆プラハラード）

ハメル＆プラハラードは、「ストレッチ」「野心」という言葉を使っている。あるいは、ほぼ同じ意味で「戦略的意志（ストラテジック・インテント）」という言葉を使い、ホンダ、ソニー、キヤノン、コマツ、トヨタなどの企業の、一九七〇年代から八〇年代に至る国際舞台での躍進ぶりを説明している。

一九七〇年代当時と現代を同じように考えることはできない。第二次世界大戦後、戦争で負けたが、何とかして、欧米に追いつき、追い越したいという悲願を国民の多くが抱いていた時代とは違う。単なる野心で、現代人の心に火をつけるのは難しい。したがって、「世のため、人のため」という大義がより合理的な意味を持ってくる。

トヨタ、花王、キヤノン、武田薬品工業、三菱商事、資生堂、ヤマト運輸いずれの企業においても、社会の中での存在意義を意識している。創業期から脈々と受け継がれているが、二〇〇〇年代中盤以降、米国型グローバル資本主義の土台がグラグラ揺れている時代において、前述した経済同友会のレポートにあるように、原点回帰を行い、あらためて社会の中で生かされている企業という観点を取り入れている。

グローバル化の時代、企業は生産、販売に都合のいい国を選ぶことができる代わりに、その国や地域そして地球と共生することが求められる。「社会の中での存在意義」の認識は「信頼形成」および「いい会社」のための必要条件である。

二〇〇九年一〇月二九日、第二回日経GSR（Global Social Responsibility）シンポジウムでの、コロンビア大学ジェフリー・サックス教授の話である。

「マラリアで毎年一〇〇万人死亡している。しかも、五歳未満の子どもが圧倒的に多い。その問題に対して、住友化学では、五年間の防虫効果がある蚊帳を発明し、協力を行っている。初め、住友化学は、無償で二億円相当の蚊帳をアフリカに送っていた。やがて、その防虫効果が認められ、先進国のNGOが住友化学から蚊帳を買い取り、無料でアフリカに送り込んでいた。その後、アフリカ各国の政府がその効能を認め、国として蚊帳を買い取ることを決めた。住友化学は、二〇〇三年にタンザニアに蚊帳工場をつくった。無償で技術供与を行い、毎年生産量を伸ばしていき、二〇一〇年には、現地の人を六〇〇〇人雇い、五七〇〇万個の蚊帳をつくる計画である。それをアフリカ各国に適正な価格で売る。そして、得られた利益は、NGOを通して、再び、アフリカへ還元する。マラリアで死亡する人数は数十万人単位で減っており、やがて撲滅できるだろう」

「アフリカ各国を回ると、住友の名前はあちこちから聞かれる」とホスト役を務めた竹中平蔵氏がコメントする。

当初は、住友化学の技術を生かした、純粋な社会貢献活動だったかもしれない。しかし、マラリアを撲滅し、雇用を提供し、アフリカで住友化学はブランドになる。

その後、アフリカが発展したときに、住友化学は他社と比べて、圧倒的に優位の立場になる。利他的行動は、長期的な観点で見れば、自己に還元されてくる。社会が納得する利己的な行動になる。住友の事業は、成文化されていないが、「自利《じり》利他《りた》公私《こうし》一如《いちによ》」という考え方が代々継承されている。住友自身も利するが、国家、社会も利する事業でなければならないという考え方である。

社会に役立つことが働く動機になる

株式会社リンクアンドモチベーションが行った「二〇〇九年新入社員ワークモチベーション調査」(対象合計人数三二〇四名、調査期間二〇〇九年三月～四月)によると、「会社を選ぶ基準として重要視したもの」の設問に対して、「事業の優位性・成長性・将来性」に続き、「事業の社会的影響力や社会的意義」が選ばれている(次ページ表4－1)。

豊かな社会になればなるほど、働く人の動機は、より高度になってくる(図4－1)。ど

順位	項目	2009年	2008年	2007年
1	事業の優位性・成長性・将来性	4.10	4.09	4.07
2	事業の社会的影響力や社会的意義	4.05	3.98	3.92
3	会社理念への共感	3.93	3.96	3.98
4	（評価や）給与水準・休日休暇制度の充実	3.72	3.73	3.47
5	魅力的な上司や先輩の存在	3.69	3.69	3.68
6	会社の財務状態や顧客基盤の充実	3.68	3.57	3.35
7	研修制度や提案制度の充実	3.68	3.70	3.59
8	どこでも通用する専門能力が身につく	3.50	3.61	3.66
9	企業理念やビジョンの社員への浸透	3.47	3.47	3.44
10	革新・創造的な社風	3.41	3.52	3.56
11	勤務地のロケーション	3.39	3.42	3.33
12	自社の商品サービスが市場に浸透	3.38	3.37	3.23
13	仕事を任される裁量権の範囲が広いこと	3.38	3.44	3.44
14	経営トップや経営陣が魅力的であること	3.37	3.44	3.51
15	上下関係が薄くフラットな会社	3.23	3.39	3.34
16	自社の知名度や話題性	3.22	3.12	2.98
17	研究施設や開発環境の充実度	3.15	3.14	3.03

表4-1　あなたが就職活動をした時に会社を選ぶ基準として重要視したものは何ですか？

リンクアンドモチベーション「２００９年新入社員ワークモチベーション調査」

うせ働くなら、社会にとって意味があること、意義があると思えることに自分が関わっているかどうか、ということがますます気になるようになる。逆に、社会的に意義がある活動を行っているという理念がしっかり打ち出され、その理念に共感して就職した人々の集団は強い。信頼形成のベースが整っている。理念に共感していれば、マネジメントコスト、コミュニケーションコストは大幅に下がる。社員のモチベーションを引き出すためのコストも軽減できる。

開発、生産現場における人の創意工夫、販売、接客場面における感情表現が競争優位性になる時代において、マニュアルや制度や仕組みなどのハードでのマネジメントから、会社・経営側との信頼感や「企業が大切にして

第五章　一人ひとりと向き合う

一人ひとりと向き合うという意味

働きが悪ければ、給料を下げる、降格させる。さらに悪ければ解雇する。働きが良ければ、給料を上げる、昇格させる。

従業員と会社との間で信頼がなくても、それはできる。問題は、それだけで全体のパフォーマンスが上がるかどうかである。

それだけでも十分なパフォーマンスが上がり、競合に勝てるとすれば、面倒な信頼形成をする必要はない。しかし一般には、それだけでパフォーマンスが上がるわけではない。特に、人の知恵を引き出し、人の英知を結集させ、新しい価値を創造するようなサービスや製品、あるいはビジネスを開発する際、あるいは、日々のオペレーションを改善する際、あるいは、顧客に対して心のこもったサービスを提供する際には、会社との信頼関係が形成されているかどうかがパフォーマンスの差になって出てくる。第二章で見たGPTWによる調査がそのことを証明している。つまり、信頼形成の問題は、ヒューマニズムでも道徳的な問題でもなく、信頼形成にかけるコストとそれによるパフォーマンスの関係の問題である。

企業組織における三つの公正

「企業組織における信頼」に関して、面白い調査・研究がある。二〇〇九年二月、RMS組織行動研究所の今城志保、山梨学院大学・繁桝江里氏、東京大学・菅原育子氏が、従業員三〇〇名以上の企業に勤めるホワイトカラー一三四二名に対して行った調査で、主に、組織内における公正さと信頼の関係を取り扱ったものである。

組織内における公正の問題とは、働く人が公平に、あるいは正当に扱われていると感じているかどうかという問題である。組織内における公正さが損なわれている状態であれば、当然、働くモチベーションは低くなり、離反や組織に対する敵対的行動が起こったりする。逆に、組織内における公正さが実現されていれば、組織への信頼感が上がり、組織に対する献身的行動が増える。

企業組織における公正には、「分配的公正」「手続き的公正」「対人的公正」の三要素がある。

「分配的公正」とは、資源配分そのものが公正かどうかということである。報酬額が公正に分配されていると感じられるかどうかの問題である。

「手続き的公正」とは、資源配分のプロセスが公正かどうかということである。評価や報酬額を決定するルールがあり、人や状況によらず、その通りに運用されていると感じられるかどうかの問題である。

「対人的公正」とは、資源配分に関して、一人ひとりの個人に対して尊厳を持って接し、納得できるように説明していると感じられるかどうかという問題である。

「分配的公正さ」は、日本でも米国でも組織に対する信頼に影響を与えない。つまり、報酬額に差があることに対して信頼が上がったり、下がったりすることはない。新入社員と会社に貢献しているベテラン社員の給料が違うことに対して、公正ではないと申し立てる人は少ないということである。

一方、日本においても米国においても、「手続き的公正さ」や「対人的公正さ」が組織に対する信頼に影響を与えるとされていた。しかし、日本で実際に調査したところ、組織に対する信頼は、「対人的公正さ」から大きな影響を受けたが、「手続き的公正さ」からはそれほど影響を受けなかった。米国では、「手続き的公正さ」と「対人的公正さ」が同程度影響を与えているという研究報告があるので、そのことは大きな違いと認識する必要があり、一つの発見だったと言える。

つまり、米国ではルールや手続きが公正かどうかということが組織に対する信頼を形成するうえで大きな影響を与えるが、日本では、一人ひとりの個人に対して、尊厳を持って接し、説明することのほうが、ルールや手続きの公正さを整備するより、信頼を形成するうえで、より大きな要素になるということである。言葉を換えると、一人ひとりに向き合うことは、信頼形成をするうえで、大変重要であることを示唆している。

「年功序列」では一人ひとりと向き合えない

一人ひとりと向き合う理由は、前述したように、一人ひとりの知恵を引き出し、サービスや製品、あるいはビジネスを開発するためである。あるいは、日々のオペレーションを改善するためである。あるいは、顧客に対して心のこもったサービスを提供するためである。ヒューマニズムからでも道徳的だからそうするのでもない。そのほうが長期的に儲《もう》かる可能性が高いからである。

個人と組織の間の信頼性を回復するために、昔ながらの日本的経営へ戻れと言っているように聞こえるかもしれない。社会での存在意義を経営理念のベースにし、長期的な視野でビジネスを見て、人を尊重し大切に扱うことが日本的経営の神髄ということであれば、イエスである。しかし、終身雇用、年功序列、企業別労働組合を遵守することを指しているのであればノーである。

「一人ひとりと向き合い、人を尊重する」ことと資本効率を高めるために行った構造改革や制度改革は矛盾するものではない。

それまでにありがちだった日本企業は、共同体であるがゆえに、ぬるま湯体質で、派閥争いにうつつを抜かし、責任の所在もはっきりしなかった。そこで働く人は、上の言うことをハイハイと聞き、つつがなく過ごせば、昇進していった。役員になれば、お迎えの車とゴルフ会員権がつき、社長は持ち回りで、やはり任期を大過なく過ごしていった。それでも高度成長期は、マーケットがどんどん大きくなるので、現場が頑張り、いいモノをつくれば簡単に売れたのである。

終身雇用制度のもと、雇用の安心感を提供してきたが、一方で会社は働く人を会社に縛り、いいように使ってきた。働く人は、滅私奉公が求められ、自分のためというより、会社や家族のために働いてきた。一方で、会社へ過度に依存するようになってきた。ここまで一所懸命にやっているので何とかしてくれるだろうと甘えも生じてきた。会社も働く個人に甘え、働く個人も会社に甘え、バブルが崩壊した。そのような互いの甘えを断ち切るための構造改革であり、制度改革であったということを考えると、「人を尊重する」ための必要な改革であったと言える。

ポイントは、「人を尊重する」ことの意味合いである。本書が主張していることは、一人ひとりの働く人をまるごと一人の人として扱い、その人の持っている能力を最大限に発揮できる環境を整えることである。仲良しクラブをつくろうといっているわけではない。

その立場から考えると、年功序列制度は、「一人ひとりを丁寧に見る」制度ではないことがわかる。評価・報酬・昇進昇格を、一律に年齢（年次）によって行うことと、一人ひとりの知識、能力、態度や貢献度合いに応じて見ることとの違いである。

ただし、マネジメントするコストは、前者のほうが圧倒的に安い。高度成長期であれば、一人ひとりの違いに応じたきめ細やかな対応をしなくても、皆で成長していくことの喜びを分かち合うことが容易にでき、多少の不公平感があっても、経営側との信頼感や働きがいを醸成することができた。だから、年功序列制度が機能していた。会社が二桁成長をして、給料が同様に毎年増え、皆がそれなりに昇進昇格し、仕事の範囲が広がり、個人が成長していけば、多くの人は楽しく働けるのも事実である。

しかし現代は、労働観も多様、仕事も多様で複雑である。多くの会社は以前のような成長はできていないし、できていたとしても今後も同様に成長できるという見込みはますます不透明になっている。そのような時代では、年功序列制は機能しにくい制度である。

「人を尊重すること」と「長期雇用」もイコールではない

同様に、「人を尊重すること」イコール「長期雇用」ではない。

業績も良好で、終身雇用を謳《うた》っている世界的なメーカーの人事役員の話である。

「うちの仕事は非常に厳しい。労働の質という観点で、ハードワーキングである。本人の能力を少し超えた目標をいつも担ってもらうようにしている。よって、入社して二〇年ぐらい、それこそ一所懸命に働く。しかし、四〇歳を超えてくると、そのような働き方がいいのかどうか本人に考えてもらうようにしている。会社としては終身雇用が原則である。しかし、そのことが本人にとっていいことなのかどうか考えてもらっている。もしかすると、外で働いたほうがその人にとっていいということも十分に考えられる。よって、人事では、四〇歳の時点でキャリア研修、キャリア面談を行い、必要とあれば、その人に向いた仕事を探すお手伝いもしている」

その会社は外から見ても、中にいる人の話を聞いても、人を大切にしていることが伝わってきた。会社のスタンスは、長期雇用である。しかし、長期雇用が一人ひとりにとってベストかどうかはわからない。その会社で最も大事なことは、一人ひとりに向き合っているかどうか、一人の人間として扱われているかどうかであり、本書で言いたいこともそういうことである。

「アップ・オア・アウト」も悪い制度ではない

人事用語で、「アップ・オア・アウト」という言葉がある。「昇進できなければ、退社しなければならない」という人事制度である。優秀な人材だけが組織に残り、その他の人は出ていってもらう仕組みである。上に行けば行くほど、人が少なくなり、組織の人員構成もピラミッド型が担保される。外資のプロフェショナルファームでよく取り入れられている制度である。この制度は、理想的なピラミッド組織が保たれ、優秀な人だけが残るという企業にとっていい仕組みである。一方でじつは、個人にとってもいい仕組みである。

ある優良企業も組織と個人のことを考え、「アップ・オア・アウト」の仕組みを取り入れている。その優良企業では、三〇歳ごろから、その組織で活躍しそうもない人に辞めてもらっている。なぜなら、その人が四〇歳を超えてから辞めたとしたら、転職が難しいからである。日本において、中高年の労働市場は未成熟で、簡単に転職ができない市場になっている。だからこそ、その優良企業では、早い段階で見切りをつけてあげて、個人が活躍するチャンスを広げている。実際、多くの人が、その会社を辞めて、別の会社で活躍している。

また、その会社は、不況時にはリストラはやらない。いい転職ができないからである。好況時にだけリストラをやる。好況時には、人が足りなくなるので、普通の会社は好況時にはリストラはできない。そういう意味でも、その会社は、一人ひとり個人に向き合い、かつ健全な経営をやっていると言えるだろう。

好まれるのは長期雇用で成果主義

二〇〇四年から三年間、労働政策研究・研修機構で雇用と人材マネジメントに関する調査（一二八〇社回答：労働政策研究・研修機構「プロジェクト研究シリーズ」No.5『日本の企業と雇用』）を行った。

同調査で、雇用と人事制度に関して、以下の四つのタイプに分けた。

①長期雇用＋非成果主義型（伝統的日本型）
②非長期雇用＋成果主義型（米国型）
③非長期雇用＋非成果主義型（衰退日本型）
④長期雇用＋成果主義型（新日本型）

回答した一二八〇社の内訳はおおよそ①三〇％②二〇％③一〇％④四〇％であった。

一九九九年から二〇〇三年の企業のＲＯＡを見ると、④新日本型が優位であり、従業員の意欲をランク付けすると、④新日本型①伝統的日本型②米国型③衰退日本型の順であった。同調査では、従業員二八二三人にも回答してもらっているが、八〇％以上の従業員が

④新日本型（長期雇用＋成果主義型）を支持している。

この調査からわかるのは、現代においては、雇用が安定しており、貢献に見合った評価・報酬がされている企業に、働く人が魅力を感じているということだ。また、そのような企業が財務業績もいい。実際、財務業績が優れているトヨタやキヤノンや武田薬品工業のような会社は新日本型である。

働きがいを促進する施策

一人ひとりに向き合うことが個と組織の信頼構築の要諦になり、働く人のやりがいを促進させていく。第二章で紹介したコンサルティング会社のGPTWでは、米国の「働きがいのある会社」調査から、「働きがい」を促進する九つの領域をあげている。

①HIRING, WELCOMING（採用し、歓迎する）——自社の企業文化に合った人材を採用するために、有効な仕組みを持ち、実践している。新入社員が喜び、帰属心や愛着心をさらに高めるような迎え入れのための有効な仕組みを持ち、実践している。

②INSPIRING（触発する）——自分たちの仕事には、「単なる仕事」以上の意味があると思ってもらうための有効な仕組みを持ち、実践している。

③SPEAKING（語りかける）――ビジョンや方針などの重要事項やさまざまな情報を共有化できるための仕組みを持ち、実践している。
④LISTENING（傾聴する）――従業員の生の声や率直な意見を吸い上げ、対応するための有効な仕組みを持ち、実践している。
⑤THANKING（感謝する）――従業員が成し遂げたよい仕事や特別な努力に対して、感謝したり、認めたりしている。
⑥DEVELOPING（育成する）――有効な育成機会、自己啓発、人事ローテーションを提供している。
⑦CARING（思いやる）――単に従業員としてではなく、一人の人間として従業員を大切にしていることを示すような配慮がある。
⑧CELEBRATING（祝う）――会社の成功を従業員とともに祝っている。
⑨SHARING（分かち合う）――公平感を促進させるための賃金制度を持っている。

九つの領域を見てみると、日米差は感じない。米国で働きがいのある会社は、日本人が働いても、働きがいのある会社になると予測できる。やはり、ベースには、人に対する信頼がある。一人の人間として従業員を見れば、九つの領域を実践することは、そんなには難しくない。自分の家族や友人に接するように、従業員に接すればいい。

しかし、実際には、短期業績プレッシャー、顧客からのクレーム、終わらない仕事、グローバル競争、変動する需給バランス、求められる高い専門性、スピード、生産性、政治的な駆け引き、嫉妬、羨望、虚栄、不信、面従腹背が「働きがいのある組織」を阻害している。

ユニクロの大躍進の陰の立役者で、スーパーマーケット成城石井をV字回復させた大久保恒夫社長は、「お客様を喜ばせる店づくり」に専念しろと語る。「お客様に喜ばれる店であれば、いずれ売上は上がってくる」と確信している。そのためには、短期の業績を追いかけないよう注意を促す。「お客様を喜ばせる」ために「清掃」「品切れをなくす」そして「挨拶」を徹底させている。

ベースに、従業員一人ひとりの能力を信じている。一人ひとりに、どうすれば顧客にもっと喜ばれるか考えさせている。店が混んできたら、臨機応変にレジを多くする。積極的に顧客と話をする。ファンをつくっていく。従業員は工夫する。工夫して失敗しても、次の日に違うやり方でチャレンジする。その繰り返しをしながら、成功していく。その成功に心から喜び、仲間も祝福をする。そういう笑顔に満ちた売り場に、顧客も惹《ひ》かれていく。成城石井の従業員は忙しいが、顔は輝いている。「働きがいがある職場」であり、業績もついてくる。

「個の自律」と「共同体としての組織」の両立

本書で主張していることと、かつての日本企業との最も違うところは、「個の自律」にある。個がそれぞれ自律して、独立した意見を持っている。思ったことは自由に言えるが、違う意見は尊重される。上司を立てる場面もあるかもしれないが、問題の前では平等にものが言え、よりいい解決策が出される。そういうコミュニケーション・スタイルである。前提として、上司の器と場の信頼と理念あるいは目指すべきところが必要である。

世界的なコンサルティングファームのマッキンゼーでは、顧客の問題の前ではメンバーは自由にものが言える。新人もベテランも関係ない。逆に、何らかの意見がなければ、「ノー・コントリビューション（貢献していない）」と言われる。対立する意見が出ても、それが顧客にとっていいことなのかどうかということがベースにある。「クライアント・インタレスト・ファースト（顧客の利益を最優先）」という価値観が徹底されている。それを基点として議論がなされる。

本書でも触れている「キャリア自律」という言葉が言われ始めたのは、二〇〇〇年前後からだが、それはいまでも有効である。自分のキャリアを会社に委ねることは、個人にとっても会社にとっても幸せではない。会社の責任として、雇用を守るスタンスはいいとしても、激動する環境の中、現実として雇用を継続することができないことは十分に考えられる。

グローバル化と技術革新の波は避けて通れない。企業は良質でより安価な労働力を求めて、生産拠点を世界に展開している。たとえばジェトロ調査によると、一般工職の平均月額賃金は、日本二八・七万円に対してベトナム約八〇〇〇円である。

生産拠点だけではない。中国の大連《だいれん》やインドのバンガロールに行けばわかるが、現地企業が、日米欧企業の販売やアフターサービスのアウトソーシングサービスを行っている。流暢《りゅうちょう》な英語、日本語を話す現地人材が育ってきている。生産もそうだが、データ入力、会計サービス、システム開発も国際間での分業が進んでいる。他国で安くできる仕事は日本で行う必要がない。

働く人は、自問しなければならない。「自分の仕事は他国ならもっと安くできる仕事なのだろうか」あるいは「自分の仕事はコンピュータに置きかえることができるだろうか」と。もしそうであれば、早急に他国の人ができないような仕事やコンピュータができない仕事への転換を模索する必要がある。そういう意味で、自分のキャリアを会社に委ねるのではなく、自分で責任を持って考えなければならない。

ダイバシティ・アンド・インクルージョン

しかし、キャリア自律を促した結果、自分勝手な社員が増え、組織として成り立たないというのであれば本末転倒である。したがって、強固な経営理念が必要である。しかも独りよがりの思いではなく、外部環境に照らして耐えられるものでなければ長続きしない。そういう意味でも「社会的な存在意義」を問い直し、自律した個人を束ね、信頼できる理念を持っていなければならない時代になってきたのである。

二〇〇八年以降の世界同時不況の影響で、仕事と育児の両立支援、女性の活躍促進は下火になってきているものの、少子化問題の本質からすれば、今後も継続的に実行されていき、女性の就業率は高まり、影響力が増していくのは間違いない。同様に、高齢者でも働く人は増えていく。外国人労働者も増えていく。非正規労働者も増加していくと予想される。そうすると世の中、働く価値観は多様化し、働き方も多様化していく。多様化のトレンドは必至である。

多様化を放任すれば、組織はバラバラになる。そのためにも必要なのが、多様化を束ねることができる目標、あるいは理念である。ダイバシティ先進国の米国では、「ダイバシティ・アンド・インクルージョン」という言い方をしている。インクルージョンとは、

「包みこむもの」や「包摂」や「包括」という意味である。「包みこむもの」は経営理念やビジョン、目標でもあり、リーダーの努力でもある。

また、包みこまれるための努力は個人も必要である。リーバイスのグローバルリーダーシップ開発ダイレクター、ナイキのアジア太平洋地域の人事部門長を歴任した増田弥生氏は、リクルート『ワークス』誌の取材において、こう発言している。

「私は自分の物差しでしか世の中を見ていないと意識することで自分を戒めている。また、少数派であっても『自分はこの組織に居場所がある』という感覚が抱けた時、『ここでユニークな価値を発揮してもいいんだ』と思えます」

この感覚がインクルージョンだと増田氏は言う。

経営が一人ひとりと向き合い、一人ひとりの持ち味を把握し、その持ち味が発揮できるよう、仕事をデザインしていく。互いの意見の違いを尊重し合い、よりよい問題解決、新しいアイデアを出させていく。そういう場をつくれることが、経営に求められている。

多様な人の多様な意見は、企業を発展させていくエンジンにもなるが、コミュニケーションコストのロスにつながり、企業の生産性を落とし、発展のブレーキにもなる。うまく使わなければならない。ニューヨークの人気コラムニスト、ジェームス・スロウィッキーの好著『「みんなの意見」は案外正しい』によると、普通の人の集団から知恵を紡ぎだすためには、「多様性」「独立性」「分散性」が必要だと言っている。逆に、それが実現できれば、どんな専門家よりも、いい知恵を出すことができると、株式市場、資本主義、民主主義、リナックス、グーグルのエンジンの事例を引きながら述べている。

多様性の研究によると、新しいアイデアや知恵が必要な組織では、多様な人材の多様な意見がある組織のほうがそうでない組織に比べて、好業績であることが証明されている。

新しいアイデアや知恵は、現代においてどこでも必要である。問題は、そういうアイデアを生かそうとする経営があるかどうかである。

職場での信頼づくり

しかし、一人ひとりと向き合う、と簡単に言うが、一人の人間をきちんと見るというのは途方もないことだ。どういう知識・能力を持っているのか。どういう強み・持ち味を有しているのか。どういうキャリア志向を抱いているのか。丁寧に見ていかなければならない。そして、意味があり、成長を促すような仕事を提供していかなければならない。マネジメントコストは膨大になる。働く人の知恵や創意・工夫が付加価値の源泉になるのであれば、マネジメントの基本は、そのようなものを引き出す「支援（ヘルピング）型」「コーチ型」になる。「サーバント・リーダーシップ」である。

「支援（ヘルピング）」というのも難しい。

日常的な親子の会話を考えてみよう。

たとえば、小学生の子どもの「ママ（パパ）、算数で八〇点だったよ」という言葉に対して、親として何と答えるだろうか。

教育熱心な親は、つい「平均点はいくつ？」「何番だった？」「〇〇さんは何点だったの？」などと質問してしまいがちだ。八〇点というのが「よいのか悪いのか」客観的に知って判断したいからである。親の質問に対して子どもが「平均点は七〇点ぐらいだよ」と答えると安心して、「よかったね、頑張ったね」と褒めて会話が終わる。褒めることができて、親は気持ち良くなるかもしれない。

さて、質問をされて褒められた子どもはどう感じていただろうか。いきなり質問されて子どもはとまどったかもしれない。「何で平均点を聞いてくるの？」「何で〇〇さんの点が関係あるの？」という気持ちが起こっているかもしれない。「八〇点だったよ」という言葉を通じて子どもは何を言いたかったのか、子どもは何を言ってほしかったのだろうか。実は八〇点というのが不満で悔しかったのかもしれない。そうすると褒められてもうれしくない気持ちだけが残る。下手をすると、そういう会話を繰り返して、親子のコミュニケーションは表面的になり、溝が生じていく。

職場での上司と部下のコミュニケーションにも似たようなことはないだろうか。「八〇点だったよ」という子どもの言葉を聞くときに、声のトーンや表情を意識してみることが大切だ。声のトーンが沈んでいたら、「八〇点でもなんか不満そうだね」と声をかけてみる。そうすると、「そうなんだよ」あるいは「違うんだよ」と子どもも答えやすくなるだろう。

ここでの、一つめのポイントは、子どもの言葉だけではなく、その後ろにある感情や意思まで含めて、言葉を理解しようとすることである。表面だけを見ていても、コミュニケーションは上滑りする。子どもの内面を意識することによって、子どもの立場に立とうとすることができるし、自分が返す言葉が適切かどうか判断できるようになる。

二つめのポイントは、いきなり最初から決めつけようとしないということである。「よかった」「悪かった」という評価は、あくまでも親の評価であり、親の価値観である。子どもは親とは違った見方を持っているかもしれない。親がその違いをわからずに使っていると、価値観の押しつけになる。教育という観点では、親の価値観を理解してもらうことが必要な場合もある。しかし、それはそれで意識して使わなければならない。いつもそうだと、子どもは息苦しくなるし、支援にはならない。

グローバルで展開しているIT企業X社では、メールによるカウンセリングを行っていた。事業部間の異動、職種の転換、地域の異動を希望する際は必ずカウンセリングを受けるようになっており、「A事業部に異動したいのですけど」という相談者に対して、「A事業部に異動するためには△△、××の技術が必要になります」と答えていた。

これでは機械が答えるのと同じである。評判はあまりよくなかった。その後、ヘルピングを学び、回答が変わった。

同じような相談に対して「A事業部に異動したいと思っているのですね」と答える。相手との関係構築から始めた。相手との関係構築から入ることによって、相手が何を考えているのか、思っているのか、引き出しやすくなり、より相手のためになる助言ができる。自然に、事業部を異動したいという動機を話しはじめる。

「上司と合わない」「職場が合わない」「仕事が合わない」というようなネガティブな動機の場合と「より成長したい」「入社動機がA事業部で活躍することにあった」というポジティブな動機の場合では助言は変わるし、本当の理由は、本人も気づかない別のところにあるかもしれない。

成長したいという理由であれば、A事業部よりいい事業部を紹介できるかもしれない。それでも本人がA事業部へ行きたいと思っているのなら、本当の理由は別のところにあるかもしれない。その次元で対話することができれば、支援は成功していくだろう。

X社のメール・カウンセリングは、その後、評判になった。カウンセラーの一人は「これまで私たちは、ファクトとロジックで仕事をしていました。その後ろにある人の感情というものはまるで見えていませんでした」と語っていた。

支援の基本は相手の理解である。人を尊重し、その人の能力を引き出すというのは、相手の理解から始まる。一人ひとりと向き合うというのはそういうことである。私たちは、自分の親友や恋人や配偶者や子どものことでさえ、よくわかっていない。ましてや共に働く人のことはよくわからない。私たちはあまりにも相手のことを理解していないというところから始めなければ、コミュニケーションは上滑りし、人と人の間で信頼はこぼれおちていく。

職場での信頼づくりが会社や経営に対する信頼づくりのベースになる。そういう観点で、現場のミドル・マネジャーが一人ひとりのメンバーに対して、メンバーが持っている知識、スキル、志向、スタンス、動機、価値観を理解し、一人ひとりの違いを尊重していく。そして、それに応じた仕事を割り当てていくことや仕事の意義を語ることが非常に重要になってくる。また、一人ひとりが持っている感情や志に着目し、一人の人間として、メンバーを扱っていくことが大切になってくる。

第六章　二つの重い問題

「人から大切にされたい」というのは、人の根源的な欲求の一つである。その欲求は、「愛されたい」「尊重されたい」あるいは「必要とされたい」と言い換えられるかもしれない。そのような欲求を満たすことは会社では難しくなってきている。

グローバル競争の中、企業は生き残りのために経営の体質改善を図ってきた。そのために、社員ときちんと向き合うことの優先順位が下がっていった。それゆえ、経営への信頼は下落し、働きがいも下がり、雇用不安は高まっている。

しかしその一方で、「いい会社」は、自らの存在意義を自覚し、その意義に沿って経営を行い、信頼のベースを形成している。そして、社員と向き合い続けている。社員を信頼し、社員の志向・価値観を尊重し、自律性を促し、社員の持っている力を引き出すことによって、業績を高めている。社員一人ひとりに仕事の意義を語っている。

たしかに社員一人ひとりと向き合うことは、手間暇やコミュニケーションコストがかかる。それでも、結局は経済合理性のある選択である。

人の創意工夫、心のこもったサービスが競争優位の源泉になってきている。その創造性や志やおもてなしの心に火をつけることが経営の仕事である。自分のやっていることが社会の役に立つとわかることで、モチベーションは喚起されていく。顧客に喜ばれることで

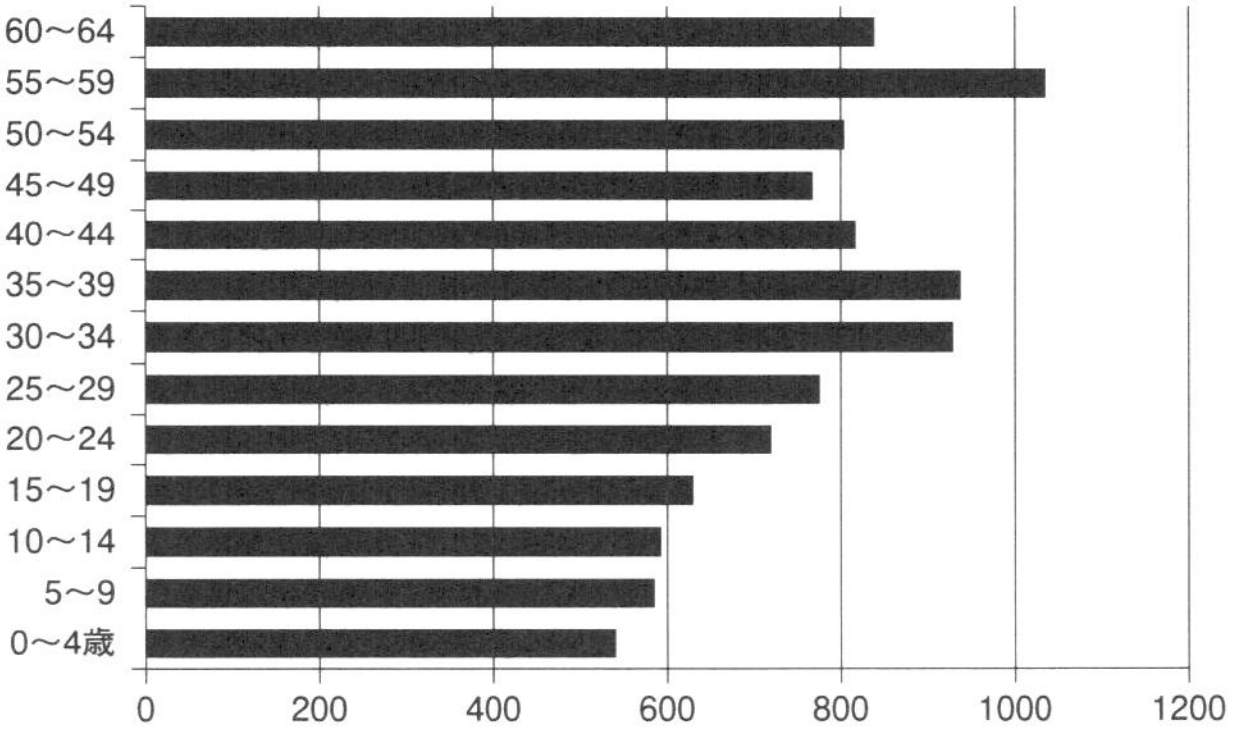

図6-1　2007年の年齢別人口構成（単位：万人）

出典：総務省　統計局

やる気が増してくる。「いい会社」では、「社会の中での存在意義」と「働く人の尊重」がつながっている。

そういう「いい会社」が増えていけば、個と組織の関係性は改善され、日本の未来は明るくなるというのがここまでの論旨である。

しかし、未来を見渡すと、二つの重い問題が横たわっている。

一つが高齢化という問題であり、もう一つが雇用形態の多様化という問題である。

高齢化という問題

図6−1は、二〇〇七年の日本の年齢別人口構成である。

団塊の世代（図の五五〜五九歳）と団塊ジュニア（図の三五歳前後）が突出している。一方で、裾野が狭くなっていることがわかる。今後、団塊の世代が亡くなっていくと、団塊ジュニアが突出した人口構成が予測される。つまり、一〇年後の二〇一七年には、四五歳前後の人口が突出し、二〇年後の二〇二七年には、五五歳前後の人口が突出していくことになる。

人口構成は逆ピラミッドになっていき、平均的な会社は、高齢者が大半を占め、若者が少ない状況になる。会社としては、人口が減少していく日本から海外へ重点を移していくことで、高成長を求めていけるかもしれないが、日本にいる日本人に対する人材マネジメントは重い課題が残る。

若者は、希少価値になってくる。優秀な若者の争奪戦になり、優秀でない若者でも採用せざるを得ない。したがって採用した若者は、丁寧な育成が必要となってくる。同期の絆《きずな》を強め、職場での絆を強め、簡単に辞めないような工夫が求められるようになってくる。

一方、中高年の処遇に関しては、現状よりも厳しい状況になってくる。中高年になっても、管理職にならない人のほうが圧倒的多数になる。また、いまでもそうなっているとは思われるが、毎年の昇給はなくなり、成果貢献ができなければ、賃金が上がらないのが普通になってくる。相対的に、若者が希少になってくるので、若者には手厚く、中高年には厳しい給与体系が主流になってくる可能性が高い。

一〇年で一人前

一つの仕事に熟達するのに、一〇年かかると言われている。医者、弁護士、会計士、営業、コンサルタント、大工、シェフ、パイロット、SE、建築家等の仕事において、一〇年ほど懸命に修業を積めば、一人前になる。そして、一〇年を過ぎれば、一人前として仕事をして、安定的な成果を上げるようになる。

しかし、そこからさらに成長していくことは難しい。一見、安定した成果を上げているので順風満帆《まんぱん》に見えるが、本人もそこで満足してしまい、成長しなくなることもある。世の中の進展についていけず、持っていた知識、技術が陳腐化していく。陳腐化していく知識、技術をアップデイトしていても、職種によっては働く場がなくなることがある。

以前、複数のパイロットに、熟達に関するインタビューを行った。その中で「副操縦士から機長になれる人となれない人の違いは何か」と聞いた。共通した答えは、「決断力」と「向上心」であった。

機長の力量は、平常時ではなくトラブル時に問われる。飛行中にエンジントラブルが発生した。飛行を続けるか戻るか、決断しなければならない。

あるいは、悪天候で着陸できない。目的地上空で旋回を続けるか、別の飛行場へ着陸するか、減っていく燃料計を見ながら、決断をしていく。

乗客の立場から考えれば、決断力のない副操縦士には残念ながら機長になってほしくないし、実際、そうなっていない。

もう一つの違いは「向上心」である。年々、飛行機は新しくなる。スイッチの数は増え、覚えなければならない知識、技術は増えていく。パソコンや電化製品の取扱説明書を読むのが億劫《おっくう》な人も多いが、飛行機の操縦マニュアルはその数十倍である。知識の陳腐化のスピードは早く、向上心がなければ、ついていけない。生きた知識を持っていないと、やはりトラブル時にあわてる。トラブルが起こってから、操縦マニュアルを読んでいる機長の飛行機には乗りたくない。プロであり続けるには、たゆみない努力が求められる。

一つの仕事で向上心を持ち続け、学習し続けることができればいいが、一般的に、一人前になると成長のスピードは緩慢になり、その仕事に飽きがきてしまう。さらなる成長を考えるならば、次のステージが必要になってくる。個人が自ら模索し、設定する場合もあるが、会社が提供していくこともある。

管理職は努力に値する職種

そうした観点で、管理職になることとは、違う成長のステージと考えられる。それまでの知識やスキルは活用できるが、それだけでは対応できない。

そもそも管理職は、一つの職種である。営業が上手で営業成績を上げることと営業マネジャーを行うことは別のことである。

マネジャーに求められるのは、教えるのが上手であること、人の持ち味をうまく発見できること、人の持ち味を引き出すのがうまいこと、持ち味に応じた仕事の割り当てができること、求める成果を設定できチームを束ねるのが上手なこと、組織のミッションやビジョンが描けること、組織の課題を設定できること、独自の戦略をつくれること、戦略を実行すること、リーダーシップを発揮すること、一人ひとりの感情を読み適切な対処ができること、メンバーが判断できないことを判断すること等である。

営業がうまい人が、必ずしも営業マネジャーに適しているわけではない。そもそも向く人もいれば、向かない人もいる。しかし、努力に値する職種であり、努力することによって、成長していくことができる。一人前になるためには、他のプロフェショナルな職種と同様、努力と学習が必要で、相応の年月が必要になる。

しかし、前に述べたように、中高年において、管理職はマイノリティになってくる。多くの人が管理職にならないキャリアを歩むことが普通になってくる。そうすると、管理職にならない人たちが自分の能力を伸ばしていき、その能力を生かす機会をつくっていくことが、個人にとっても、会社にとっても求められてくる。逆に、そういう機会を意図的につくっていかなければ、優秀であるが組織で生かされず、組織の中で埋もれていく人が増えていく。「中高年塩漬け人材」である。そういう人を出さないために、多様なキャリアモデルとキャリア支援の仕組みが必要になってくる。

多様なキャリアモデル

一〇年で一人前になり、その職種を貫き通し、さらなる努力をし、成長し、一流になっていく。そのようなキャリアの築き方がある。証券会社の営業を三〇年以上続け、六〇歳近くになってもトップの成績を上げている人を知っているが、その人はまさにそういうキャリアである。

一方で、一〇年で一人前になり、次に違う分野において一〇年で一人前になり、また次の分野へ移っていくというキャリアの築き方もある。たとえばはじめキャビンアテンダントとして活躍し、その後専門学校でマナー講師になってから、キャリアカウンセラーとして大学に勤めていくというキャリアの積み方である。あるいは、新卒で銀行に勤め、留学し、戦略コンサルタントになったのち、事業会社の経営を行い、プロの経営者になっていくというキャリアもこのカテゴリーである。

ある職種を中心にらせん状にキャリアを積んでいくというキャリアの描き方もある。技術者として総合家電メーカーに入社し、研究開発に従事した後、生産現場で品質管理、工場長、事業部長になるものの、その後、退職し、研究開発をメインにした会社の起業を行っているというケースは、研究開発を中心にして、らせん状にキャリアを積んでいくパターンである。

米国で長年キャリアの研究を行ったマイケル・ドライバーは、キャリア志向を、「エキスパート」「リニアー」「スパイラル」「トランジトリー」の四つに分けている。

「エキスパート」は、何かを究めることに重きを置き、文字通り専門家としてのキャリアを歩む。

「リニアー」は、一つの会社で昇進していくキャリア。

「スパイラル」は、五年から一〇年で仕事を変えるが、前に培った技術や知識をうまく生かすようにキャリアを踏んでいく。

「トランジトリー」は、業界、職種関係なく、三〜五年ごとに仕事を変えていくキャリアである。

一九九七年、ドライバーはこう語った。「米国でも八〇年代まで、リニアーが九〇%を占めていたが、九〇年代のリストラで、キャリア志向は大幅に変わった。いまでは四つの志向ともほぼ二五%だ」。

二〇〇〇年に、日本においても同様のキャリア志向調査をした（ワーキングパーソン調査、二〇〇〇年、リクルートワークス研究所）。その結果は、「エキスパート」五一・九%、「リニアー」九・七%、「スパイラル」二四・九%、「トランジトリー」一〇・八%であった。専門職志向が強く、昇進志向は弱いことが読み取れる。

キャリア論の大御所マーク・サビカスが言うように、キャリアにはアップもダウンもない。いいキャリアも悪いキャリアもない。一〇人いれば一〇人それぞれのキャリアがあり、個人は自分の志向、価値観、動機、能力を鑑みて、自らのキャリアを設計し、会社には多様なキャリアを念頭に置いた人材マネジメントが求められる。

第一章でも紹介したが、昇進していくことにモチベートされる人は意外に多くない。一方、管理職になりたい理由の第一位は「多くの報酬がもらえる」であったという別の調査結果もある。つまり、管理職にならなければ報酬が増えないという会社が多いことが示唆される。逆に、管理職にならなくても報酬が増えるコースがたくさんあれば、そちらを選ぶ人も多いと推測される。

管理職はマイナーな職種

人材マネジメントの発想を、旧来のマネジャーかプレイヤーかというデュアルラダー（複数型キャリアコース）ではなく、人数的にはメジャーになるプレイヤー中心のキャリアコースを中心に据えて考えていく。そもそも管理職になる人員数は限られているし、人員数としてはマイナーな職種である。管理職に特権階級的な意識があれば、それを解消させていくことが必要である。

野球やサッカーでは、主役はプレーをしている選手である。監督は作戦を立てたり、どの選手を使うかどうかを決めたり、選手を励ましたり、教育することはできるが、試合をするのは選手である。

米国では、「一部のできる人だけがタレントなのではなく、働いている人全員がタレントである」という考えが主流になりつつある。

日本では、昔から、製造現場の知恵、顧客接点における素晴らしい接客が競争優位の源泉であるという考え方を持っており、働く現場を大切にしてきた。しかし、人材マネジメントのベースの思想は、管理職への昇進を中心に置いていた。出世を中心においたマネジメントシステムといってもいい。戦後数十年間、長い昇進レースを行うことによって、高い忠誠心やモチベーションを長期間維持させ、高度成長を実現したが、現代においては、その役割は終わったと思われる。

逆ピラミッドの時代において、主流をプレイヤー、プロフェショナル、スペシャリストに置き、彼らを生かすタレントマネジャーとしての管理職という発想で、人材マネジメントポリシーを再構築していく時期に来ている。

雇用形態の多様化という問題

もう一つの問題は雇用形態の多様化という問題である。全雇用者に対する非正規社員の割合は、一九八四年の一五％から一貫して増え続け、二〇〇八年現在、三人に一人を超えている。

今後も、変動が激しく、不確実性が高い環境において、会社はリスクヘッジを行わざるを得ない。そう考えると、より変動費化しやすい非正規社員の割合は、不況で減ることはあっても、全体のトレンドとして増加していくと予想される。

これまでは、日本人、男性、正社員、新卒を中心にした人材マネジメントだった。社会の法規制、税制、社会保障制度、慣習も正規社員中心主義であった。しかし、社内の三分の一を占める非正規社員や外国人を考慮したとき、まったく新しい概念で、人材マネジメントを作り直す必然性が出てくる。非正規社員がいなければ、会社は動かない状況になっている。

非正規社員とひとくくりにしているが、その実態はさまざまである。パート、短期アルバイト、長期アルバイト、契約社員、派遣社員、業務委託の人たちに対して、福利厚生はどこまで認めるのか、研修には誰まで参加を認めるのか、パソコンの貸与はどうするのか、メールアドレスはどうするのか、社内イントラは誰にどこまでのアクセス権を認めるのか、打ち上げ会はどうするのか、歓送迎会はどうするのか、その費用は会社が持ってくれるのか、その判断軸は何なのか、それでも一体感は醸成できるのか、といった問題がつきつけられる。

報酬体系も悩ましい。現場を支えているのは、実は契約社員、アルバイト、パートの人である。長期的に意欲を持って働いてもらう必要が出てくる。そのためには、昇進、昇格、昇給という概念が出てくる。一方で、金融のスペシャリスト、ITコンサルタントなどの人を処遇するためには、正規社員とは違う報酬体系が必要になってくる。

雇用契約を結ばないが雇用に近い働き方をする、個人業務委託者つまりインディペンデント・コントラクター（IC）も増えている。米国では、一九九〇年代の大規模なリストラ以降、急増しており、日本でも徐々に広まってきている。政府でも、ワークライフバランスや柔軟な働き方を可能にする、在宅や外出先での勤務であるテレワークを推進しており、ＩＣの普及の後押しになっている。

ＩＣに対する費用は人件費として計上されないということと通常の業務委託と区別が難しいということで、大企業では全社でどの程度ＩＣへ支払っているのか実態の把握が容易でないこともある。また、現場での必要度とＩＣの市場価値で契約額が決まってくるので、支払額が適切かどうか全社でチェックしにくくなっている。ＩＣ同士の横並びのチェックのしにくさもあるが、正社員との整合性も考慮しなければならない。いずれにせよ、非正規での就業という観点で、人材マネジメントポリシーや制度について、まだまだ各社試験段階のところは多く、人事も現場のマネジャーも頭を痛めている。

ダイバシティをマネジメントする

高齢化の問題も、雇用形態の多様化の問題も、どちらもダイバシティの問題と捉えることができる。そういう社会になってきている。

そのような多様性をマネジメントするには、前に述べたように包摂する強力な経営理念やビジョンが必要である。その理念やビジョンが行動や意思決定の共通基盤になる。そういう意味では自発的に人が集まってビジョンの実現を果たしているＮＰＯが、今後の経営管理のモデルになってくるというのも一理ある話である。

非正規社員の特徴とマネジメントに関しては、大久保幸夫編著の『正社員時代の終焉』に詳しく触れているが、パートタイマーを中心にした非正規社員の特徴を抜粋する。

- 非正規社員は自分の能力を限定的に捉えている傾向がある。
- 自分たちへの権限委譲を責任転嫁と感じてしまう傾向があり、不安・不満を感じる。
- 変化や不確実性に対する対応力が弱い。
- 仕事だから我慢するという意識が低い。
- 明確なゴールイメージがないと動けないことも多い。

ステレオタイプとしてみないほうがいいが、いわゆる正規社員との違いを理解しておくべきである。しかし、ゴールイメージを明確にすることは、理念やビジョンを明確にすることと同様、多様性をマネジメントするうえでは必要なことである。つまり、非正規社員の割合が増えるとともに、正規社員の価値観も多様化しており、同様のダイバシティ・マネジメントが必要になってくる。そこでは非正規も正規も同じである。

派遣社員を派遣さんと呼んでみたり、同じ仕事をしているのに、非正規社員と正規社員の間で、待遇や給料が違い、コミュニケーションが断絶してしまっている現実をみると、一体感のある職場づくりは難しく感じられる。

しかし一方で、うまくやっている企業は存在している。そうした企業では、雇用形態が多様であるからこそ、基本的な信頼形成が重要であると認識している。うまくやっている会社では、「互いが互いを尊敬していること」「互いの違いを認めていること」「一人ひとりに向き合っていて、人として扱っていること」「感謝の言葉が自然に出ること」「いい仕事に対して互いに認め、称え合っていること」が非正規、正規に関係なく行われている。

第五章で触れた成城石井のようなスーパーマーケットや外食チェーン店では、非正規社員が現場の中心である。従業員が生き生きと働いている会社や店もあれば、そうでない会社や店もある。生き生きと働いている会社や店では、従業員を、知恵を持っている人として扱い、現場での創意工夫を促進している。従業員は、自ら考えたことを実行して、うまくいった、うまくいかなかったということを学習している。

まず必要なのは、従業員自らが持っている、能力の限界感や権限委譲に対する抵抗感を徐々に変えていくことである。自分でやってみて、成功体験を増やしていくと、自律的に仕事を回せるようになり、仕事の面白みを知っていく。そして、そういう現場を持った企業や店が競争優位性を築いていく。

持続可能なキャリア

会社が多様化を前提にした経営を行うことは、個人にとってみれば、選択の自由が広がる話である。一律の労働観や会社の仕組みに縛られない自由が得られる。喜ばしい話である。しかし、自由を堪能するためには、自律性を備えていなければならない。自分で自分のキャリアをコントロールしていくことが求められる。

自分で自分のキャリアをコントロールしていくことは、多様化を前提にした経営であればより求められるが、そもそも、環境が激変していく中で、自らのリスクマネジメントという観点でも必要なことである。

つまり、「M&Aや事業の統廃合や海外移転のために、いま行っている仕事がなくなる可能性」や「中高年において、管理職でない仕事を継続していくこと」や「年金の破綻や労働人口の減少で、高齢でも働かなければならない可能性」があることを念頭に置きながら、自らのキャリアを考えることが求められる時代になったのである。

多様な労働観、キャリア観があると思われるが、あえて、今後のキャリアに求められるキーワードをあげるとしたら、環境問題同様、「持続可能性」である。

増える高齢者、減る若者の構図の中で、若者の年金の負担は増え続ける。破綻しないまでも同様の仕組みを継続させていくことには無理がある。年金があることを前提にした人生設計は難しいことを考えると、金持ちでない限り働かざるを得ない。

総務省の調査によると、夫婦二人の老後の生活費は月二七万円。ゆとりある生活をするためには月三八万円が必要である。年間四〇〇万円の生活費で、六〇歳からの平均余命二五年として、一億円が必要となってくる。十分な貯えがなければ、働かなければいけないし、何をすれば無理なく長く働けるのか、考えなければならない。

先のことはわからない。しかし、六〇歳から一〇年ないし二〇年働くことを念頭においたとき、五〇代のときに何をしなければならないのか、四〇代のときはどうするのかということをデザインしておかなければならないことがわかる。つまり、「持続可能」な働き方というのを、ある年齢を過ぎたら、考えておかなければならないということである。

入社してから五〇年の仕事人生である。一〇年で一人前の仕事ができるとしたら、サードキャリア、フォースキャリアが当たり前になってくる。

三〇代の一〇年間を子育てで費やした女性が四〇代で復帰しても、その後、働く時間は三〇年間もあると考えてもおかしくない。キャリアを積み重ねていくことはいくらでもできる。子育ての経験によって、人としての円熟味は増し、よりいい仕事ができる可能性は広がる。

五〇歳になっても、二〇年間仕事できる時間があると考えれば、未知の分野でも第一人者になれる可能性も秘めている。あるいは、それまでと違う、自分らしいライフワークをつくることができる。

そう考えていくと、高齢化社会は、個人のキャリアの可能性を広げることができる社会と言える。そもそも人は、いろいろな才能を持っている。一つの仕事の中で、その才能をうまく開花させることができる人もいれば、複数の仕事を経るうちに、見つけることができる人もいる。そういうチャンスがこれから広がっていくと考えられる。

中高年になれば、キャリアの選択肢が狭まると考えられているが、それを払拭できる社会をつくることができれば、若者にとっても明るい未来が提供できる。

多くの企業で、四〇歳以上の中高年の活躍のさせ方で悩んでいる。二〇代、三〇代の時と同様に、生き生きと働いてもらいたいが、管理職のポストは限られている。前述したように、多様なキャリアコースを用意していくことは一つの方法である。しかし、働く個人が自らの適性を考え、自らの働く場を開拓していくほうが理想である。

そのために、キャリアカウンセリング制度やキャリアデザイン研修を導入している企業もあるが、中高年の活性化と働く個人の将来を考え、「持続可能」なキャリアという観点で、もっと真剣に施策を検討してもいい時期に来ている。

中高年余剰人材問題

企業側から見た中高年余剰人材の問題は、各社によって事情や問題のとらえ方が違うものの、本質的には二つの問題に集約される。「場の不足による意欲の減退」と「貢献と報酬のギャップ」の問題である。

過去においては、ポストによって意欲を喚起させる場が提供できたが、会社そのものの成長の鈍化と中高年割合が高まっている現在、意欲を喚起させるポストを提供できなくなっている。人は挑戦的な仕事によって、やる気になる。昨日できなかったことが今日できるようになる喜びを知っていて、その喜びを得るために、挑戦していく。そういう仕事が中高年の数に対して少なくなっている。結果として、意欲の減退を招き、それが組織全体に蔓延していく。そういう問題が一つめの問題である。

二つめの問題は、平たく言うと、やっている仕事に対して報酬が高すぎるということである。かつて、年功序列的な報酬制度を行っていた会社では、若い頃の報酬を抑え、中高年になって高い報酬を払う慣習があった。給与の後払いである。そのことは企業側にも個人側にも利点があった。育成コストをかけた人に長く働いてもらうことが企業はできたし、個人も持ち家や教育に出費がかさむ中高年において高い報酬を受け取るメリットがあった。

今日では、そのような年功序列的な制度はなくなりつつあるものの、若年に比べると中高年は高い報酬を受け取っている。一方で、個人が持っていた技術の陳腐化とともに、グローバルで安価な労働が提供される中、報酬のデフレ圧力は強まるばかりである。簡単に言うと、昨日と同じ仕事をしていれば、報酬は下げざるを得ない状況である。しかし、報酬はなかなか下げにくいのも現実である。それゆえに、「貢献と報酬のギャップ」は広がってきている。

一つめの問題とも関連している。本来であれば、活躍できる場があり、それ相応の報酬が払えたのだが、活躍できる場が少なくなってきているゆえに、報酬とのギャップが目立ってきたということも言える。

企業も体力があれば、貢献と報酬のギャップに目をつぶることができた。しかし、成長の鈍化と競争激化で徐々に余裕がなくなってきている一方で、今後増える中高年を前にして、看過できない状況になってきている。

そういう問題に対して、解決の方向も、大まかにいえば二つある。「貢献と報酬のギャップの解消」という方向と「生き生き働ける場の提供」という方向である。

一つめの方向は、すでに多くの企業が取り組んでいることでもある。二〇〇〇年前後から成果主義人事制度を導入し、貢献に見合った報酬制度に転換していった。さらに早期退職制度を導入し、貢献と報酬が見合わない人に対して退職勧奨を施していった。

しかし、実態としてはなかなか進んでいない。貢献していない人たちを降格させていく。報酬を下げていく。辞めてもらう。こうして短期的には人件費を抑制することはできるが、組織全体のモラール低下、社外に対するブランドイメージ低下を考えると、結果的に割が合わないリスクがある。そのために、各社は躊躇《ちゅうちょ》しながら、「貢献と報酬のギャップ」の解消に向き合っている。また、社会全体で中高年層が増える中、働く場そのものが創出されない限り、退職を促しても働く場所がないという状況になってきている。

多様なキャリアコースの創出

二つめの解決の方向性は、多様なキャリアコースの創出と言い換えることができる。管理職やプロフェショナルになること以外のコースの創出である。

企業が余剰人材だと思っている多くの中高年は、いまの仕事では十分に貢献できていないことや、貢献に対して報酬が高いことはわかっている。そこで露骨に閑職に異動させたり、降格していけば、ますますやる気はなくなり、ますます貢献しなくなるというデフレスパイラルに陥る。個人もそうであるが、企業としても不良資産を生み出すことになる。

そうならないための、キャリアコース創出におけるキーワードは、「内発的動機」と

「人としての尊厳」である。

人の興味関心や役割意識は、歳とともに変化する。四〇歳を過ぎたあたりから、衰えつつある肉体を感じ、自分自身の限界を知るようになる。死を予感し、残りの生きる年数を意識する。コントロールできることとコントロールできないことの分別をつけるようになる。コントロールできることに対しては懸命に努力し、コントロールできないことを受け入れていく。興味関心も、自分だけの問題から若い世代の人たちや社会の問題へと移り変わっていく。

発達心理学者エリク・エリクソンは、中高年の発達課題として「生殖性」という言葉を使った。自分が培った経験や知恵をより若い世代へ受け渡していくことへ、興味関心や役割意識が変化していく。自分の子どもや若い世代の世話をすることや教育に関わること、あるいは社会へ貢献していくことに喜びを覚えていく。そういう課題である。

自分が持っている経験・知見の継承や社会への貢献がしたいという意識を喚起させ、それを満たすような働く場の創出やキャリアコースの創出が求められる。

目を社会全体に移すと、解決が必要とされる問題はたくさんある。地域活性、科学・技術振興、文化振興、国際協力、教育、医療・介護、食糧、エネルギー、環境、貧困等、さまざまな問題がある。そのような問題を解決するための人材は圧倒的に不足している。第四章でも触れたが、ＮＰＯや社会起業家の活動は活発化しているが、そのような活動を引っ張っていくリーダーやマネジメント人材あるいはさまざまな専門知識がある人材は足りない。企業の中にいる、優秀であるが能力を発揮する場がない中高年の出番が望まれる。

企業内にいる中高年が問題意識を持って、新たな社会起業家になっていく。そういう活動を企業が支援していく。あるいはすでに社会起業家として働いている人たちに対して、金銭面での支援とともに中高年であるが優秀な人材を供給していく。そういうスキーム（枠組み）である。

支払われる給料は下がるかもしれない。しかし、自らが自らの理念に沿って働けることとともに、自らの社会の中での役割を与えられる。そういう意味で、「内発的動機」と「人としての尊厳」がキーワードになる。

このスキームで、中高年が生き生きと社会のために働き始めると、企業内の若者も元気が出てくる。そして多くの会社で同様のスキームを取り入れることにより日本社会が元気になり、社会がよくなることにつながる。

最も難しい問題は、中高年が自らの内発的動機を見つけ、自らのキャリアを描くことができるかということである。

キャリア・リトリート休暇

仕事が変わったとき、上司と合わないとき、仕事が向いていないと思うとき、人は自分の将来のキャリアを考える。事業部を越えての異動、修羅場経験、転勤、海外赴任、出向、留学、研修、カウンセリングなどによっても、自分のキャリアを考えることがある。

問題は、どれほど「深く考えられるか」ということと「考えたことを試すことができるか」ということである。働きながら、次のキャリアを試すことができればいいが、普通はそういう時間が持てない。深く考える機会や次のキャリアが試せるよう、会社からの支援も必要だ。

たとえば、「持続可能」なキャリアを考えるために、四〇代の一〇年間のうち、数ヵ月から一年間ぐらいの長期的な休暇をとらせることができないだろうか。

ここでは便宜的に「キャリア・リトリート休暇」と呼ぶ。

次のキャリアをにらみながら、何かを学んでみる。海外に留学をして見聞を広める。前から気になる仕事をやってみる。趣味の延長にある仕事をやってみる。田舎で自給自足の生活をしてみる。ボランティアをやってみる。疲れた体を癒し、運動を行い健康な体を取り戻してみる。親の介護のため地元に帰り、地元で仕事を探してみる。休暇中の宿題として、次ページの表6−1のような問いを課す。

・寝食を忘れ、夢中でやった仕事は何だろうか
・自分が最も成長した経験は何だろうか。そこからの学びは何だろうか
・影響を与えられた人は誰で、どういう影響を受けたのだろうか
・どういう仕事に意味を感じただろうか
・どういうスキルを使っている時に、楽しく感じただろうか
・いまだ使っていないが、自分の中で眠っていると思われる能力は何だろうか
・どういう組織にいたときに、自分が生かされていると感じただろうか
・自分にとって誇れる仕事は何だろうか
・自分が輝いていた時期はいつだろうか。なぜそう思うのだろうか
・今、組織にどういう貢献をしているだろうか
・自分がいなくなったら、組織はどうなるだろうか
・組織に対する貢献に比して、組織から与えられる報酬はどうだろうか
・今から、仕事を選ぶとしたら、どのような基準で選ぶだろうか
・そもそもなぜ今の仕事を選んだのだろうか
・もう一度人生をやり直せるなら、どういう仕事を選ぶだろうか。それはなぜか。その仕事に就くのは今からでは遅いのだろうか
・80歳まで働くとしたら、どういう仕事で、どのように働くのだろうか
・10年後に、何の仕事をやっているだろうか。それは今の延長線上か
・10年後には、どういう仕事をやっていたいのだろうか

表6-1　キャリア・リトリート休暇中の問い（例）

現実に運用をするとなると、考えなければならないことはたくさんある。

過去と現在の仕事を客観的に見つめ、次のキャリアを考えるとしたら、相応の時間が必要であるが、どのくらいの休みが必要なのか。休暇中は無給なのか有給なのか。有給としたら、全額か半額か。戻ってきたときの仕事と報酬はどうするか。

日本では一部の大学教員でサバティカル休暇の事例はある。研究のための休暇制度で、手上げ式で、給料は六割という事例もある。ヨーロッパでは無給のところもあるが、ワークシェアリングや失業対策の観点で、失業者を雇うことを前提に、政府がサバティカル休暇を取ることを支援し、給料も全額捻出する。戻ってきたときの仕事と報酬は、休む前の仕事と同じというのが一般的である。

米国では、必要とあれば、個人がビジネススクールや大学院へ行くことが日常的になっている。一〇年働いて学校に戻り、また一〇年働いて学校に戻るというような人も多い。手上げ式ならば無給でもいいが、積極的に休暇をとらせることを考えると、有給にせざるを得ない。会社はコストがかかる。仮に一年間の休暇であったら、四〇代の人の一割がいなくなることを覚悟しなければならない。しかし、そもそも中高年が余剰であるという前提であれば、より若い人により高度な仕事が提供できるという側面も見逃せない。課題はあるかもしれないが、「キャリア・リトリート休暇」は検討に値すると考えられる。

当然、社会貢献活動を中心にした「働ける場の創出」や「キャリア・リトリート休暇」だけで解決できる問題ではない。報酬・昇進昇格・退職制度の再設計、キャリアデザイン研修やキャリアカウンセリング制度とともに、一人ひとりのキャリアに向き合い、それぞれのキャリアを支援していくことが求められる。中高年の転職市場の発達も必要になるし、職種転換を促す教育機関や公的な支援機関も必要となってくる。

いずれにせよ、多くの会社にとって、中高年の活性化は重要課題であり、これから顕著になってくる、逆ピラミッド型の人口構成に対して、さまざまな施策で対応していかなければならない状況である。安易な対処でなく、英知を結集させ、新たな社会のあり方という視野での検討が必要である。

「個と組織の関係」を進化させる

非正規社員のマネジメントや中高年問題に対処し、加速する多様化に適応するためには、そもそもの近代的経営管理の枠を取っ払うことが必要かもしれない。

階層がない会社、上司がいない会社、社員に仕事を割り当てるのではなく、社員がやりたい仕事が自由に選べるような会社、それでいて着実に成長し、利益が出せるような会社ができないだろうかという問いを立て、それを実現したのが、W・L・ゴア&アソシエイツ社である。

通気性のある防水ラミネート生地で有名なゴアテックスを発明し、生産している会社である。ビル・ゴアが一九五八年に起業し、いまでは八〇〇〇人以上の従業員を擁し、二〇〇〇億円以上の売上に成長している。米国の「働きがいのある会社」ランキングの常連であり、二〇〇八年度は一五位に入っている。経営に対する信頼度が高い会社である。

W・L・ゴア&アソシエイツ社にも、CEOは存在する。事業部や本社組織もある。しかし、管理職層もなければ組織図もない。肩書もなければ、上司もいない。業務の中心は小規模な自己管理型チームである。守らなければならない行動規範は、「利益を上げること楽しむこと」である。

階層型の組織ではなく格子型の組織であり、個人が自律的にプロジェクトを立ち上げ、人集めをし、同僚と協働しながら仕事を進めていく。「リーダー」なる呼称をもらっている社員はいるが、上司がリーダーを決めるのではなく、同僚が認めたらリーダーになるのである。物事を前進させる力がある人、チームを成功に導く人が自然に選ばれるのである。同様に、CEOも社員に選ばれる。社員はCEOのクビをすげ替えることができる。民主主義的な会社である。

社員の自由度はきわめて高いが、懸命に働いている。同僚からの評価によって報酬が決められるからである。チームに対する貢献によって評価は決まるが、上司ではなく同僚が決めるのである。一方で、社員は全員株主でもある。一年目から給与の一部を株式の形で与えられる。退職する際には豊かな退職金になる。また、短期的には毎年、利益分配させるプログラムがあり、まさに会社と運命共同体でもある。

W・L・ゴア&アソシエイツ社のケースは刺激的である。社員に対する信頼がなければ、実現できない経営である。自分の仕事は人が決めるのではなく、自分で決めなければならない。そしてそれを、利益が出るように持っていかなければならない。一緒にやる同僚は選べるが、自分が選ばれるかどうかはわからない。同僚に貢献できないと思われれば、この会社ではやっていけない。そういう意味では、休まる暇もなく、常に自分をイノベーティブな状態にしておく必要がある、非常に厳しい会社でもある。

IBMビジネスコンサルティングサービス元代表取締役会長の倉重英樹氏にインタビューした際にも、同様の話があった。

「これからの経営管理の手法として、パートナー組織に近い形態があり得るのではないかと思う。たとえば、一〇〇名ほどのパートナーがいるとしたときに、代表とボードメンバーは、パートナーの推薦や匿名の選挙によって決めていく。任期は一年。人格があり、実質、リーダーシップを発揮していく人が選ばれるようになる。そういう民主的な運営が結局優れていると思う」

ゴアや倉重氏が言うような組織が、すべての業界に適応できるかどうかは精査が必要だと思うが、今後の「個と組織の関係」を考えるうえで、示唆的である。

●先に触れたように、雇用形態の多様化、働き方、労働観の多様化に合わせて経営管理手法を変えていく必要があるが、経営に対する信頼感や一体感を醸成するためにはどうすればいいのだろうか。

●働いている人の知恵や能力や志が競争優位の源泉であるとしたときに、どうすればもっと働いている人の知恵や能力や志を引き出すようにできるのだろうか。
●中高年のやる気を引き出し、もっと活躍させるためにはどうすればいいのだろうか。
●現在の事業だけに頼っていけば、いずれ衰退していくことはわかるが、一方で、長期を見据えた投資は一見ムダに見える。あるいはある程度のムダを覚悟での試行錯誤が必要になるが、どうすれば必要なムダを経営管理手法に取り入れることができるのか。
●論理と意志だけではなく、イノベーションを引き起こすためには、感情や感性も管理していく必要があるが、いい手段はあるのだろうか。
●消費者は、単なる機能性だけではなく、背景にある物語性を購入するトレンドが強まっているが、ブランドや企業イメージのような無形資産を形成、維持、強化するためにどういう経営管理手法が必要になってくるだろうか。
●顧客接点を担っている人の知識、スキル、行動と同様に、態度、姿勢、感情は競争優位につながるが、彼らがより輝く手法は何だろうか。
●人材マネジメント上も、競争優位を築くうえでも、プロフェショナル人材が必要になってくるが、どうすればより効果的に、効率的に学ばせていくことができるだろうか。
●プロフェショナル人材が一〇年で一人前になっていくと仮定した場合、次の成長ステージをどのように組み立てていけばいいのだろうか。

●そもそも会社を成功させるために、大いに貢献しようと思っている人材がどのくらい必要なのだろうか。彼らの個人的な動機と会社への貢献はどう一致しているのだろうか。その比率を高めるために、会社は何ができるのだろうか。

いずれの問いも「いい会社」を進化させるための問いである。いくつかの問いに関しては、本書の中で触れているが、それぞれの問いは、簡単には答えが出ない問いであり、会社によって答えが違ってくる問いでもある。今後、さまざまな会社でさまざまな手法を試行錯誤しながら、各社に合った手法が確立されていくだろう。

そもそも会社によって、年齢別の人員構成、高齢化のスピード、ダイバシティ度、ダイバシティのスピード、ビジネスモデル、コア・コンピテンス、売上、利益の成長のスピード、財務的余力、人材のリテンション（引き留め）力、アトラクション（引きつけ）力も違う。その違いによって、とりうる人材マネジメントポリシーは変わってくる。

すでに高齢化が進んでいて、成長のスピードは低いが、高齢者を生かせる仕事が多い会社であれば、管理職ではなく、プロフェショナル職の多様化や進化を中心にした人材マネジメントポリシーになるだろうし、成長のスピードが早ければ、従来型の職能資格制度がうまくいくかもしれない。

エピローグ

「いい会社」をつくっていくうえで、「個と組織」の信頼関係がベースになる。その「個と組織の関係」を再構築するために、会社側がどうすべきであるかということに、ここまで多くのページを割いてきた。しかしながら、本来的には、「個と組織の関係」は「個」と「組織」の相互に依存し、相互に影響を及ぼしていることを鑑みれば、「個」の行動や思考は、その関係の半分の責任を負っている。

十分にカネやモノを所有し、働く必要がなくなったら、われわれは何をするだろうか。さっさと引退し、南の島や森の中でのんびりと暮らすだろうか。

そのとき、きっと問うだろう。

「何のために生きてきたのだろうか」

多くの人は働くだろう。

働く動機は何だろうか。

自己を表現すること。人から感謝されること。人の役に立つこと。社会の役に立つこと。役に立つものを創造すること。自分の能力の限界に挑戦してみること。好奇心を満たすこと。真理を追究すること。人から尊敬されること。人に必要だと思われること。

十分ではないかもしれないが、多くの日本人はカネやモノに不自由しない生活を送っている。そして、仕事に対して、金銭以上のものを求めている。言葉を換えれば、金銭だけのために働いているわけではない。さまざまな動機で働いている。

そして今日は良かったと満足できる日もあれば、悔しくて落ち込む日もある。いい日ばかりあっても人生は楽しめない。落ち込む日があって、いい日を楽しむことができる。

自分の労働観、働く動機、自分の持ち味、自分らしさ、会社への貢献度、貢献と報酬の関係性、今後の働き方を再考してみて、さらに、会社に何を求めているのか、会社の何に信頼を置き、何に信頼を置いていないのか考えることが「個と組織の正しい関係」を考えるうえで必要になってくる。

会社への信頼を感じるかどうかの半分の責任は、個人側にある。信頼するに値し、一人ひとりと向き合っている会社を選べる自由を個人は持っている。多少、信頼できない会社であっても、会社をよくするために動ける自由を個人は持っている。

一人では難しいかもしれない。しかし、同じようなことを思っている仲間はいる。いい社会にしたいと思っている仲間はたくさんいる。

あとがき

子どもは、何かに突き動かされて、新しいことをはじめる。

昨日できなかったことに挑戦する。

一人で立つ。一人で歩く。言葉をしゃべる。自転車に乗る。逆上がりをする。失敗しても何度も挑戦する。

「必ずできるんだ」という根拠のない自信がある。

両親からの大きな信頼感の中で、自分に対する信頼が育まれていく。そして、人に対する信頼が育まれていく。

信頼は、まず信頼するところから始まる。

それも自分を信頼するところから始まる。

しかし、そのような自己信頼を持つ若者が減少しているらしい。

自己信頼がなければ、他者に心を広げることは難しくなる。行動は防御的になり、他者との間に壁をつくる。自分で責任をとろうとせず、他者へ責任を転嫁する。逆に、根拠がなくても自分に信頼を持つことによって、他者に開放的になり、他者からも信頼される。

信頼は相互の感情である。こちらが信頼すれば、向こうも信頼する。こちらが信頼しなければ、向こうはなかなか信頼できないであろう。

相互に信頼することは、子どもがそうであるように、人にそもそも備わっていることである。働いている人を信頼し、持っている能力を十分に引き出すことができるかどうかが経営の要諦である。失っている自己信頼を回復させてあげることも大事である。そういうことに成功している会社が「いい会社」であり、これからも成長していく会社である。

本書を執筆するにあたり、インタビューに快く応じてくださった経営者の方々、人事の方々に、この場を借りて謝辞を申し上げたい。また、多くの方からアドバイスをいただいた。特に、RMS組織行動研究所の同僚である、今城志保、入江崇介、鏑木理恵、川田弓子、西山浩次、藤村直子、本合暁詩、山田義一の各氏からは丁寧なアドバイスをいただいたことに感謝を申し上げたい。そして、いつも暖かく励まし、本質的な疑問を投げかけ、適切な指摘をいただいた、編集担当の田中浩史氏に深甚なる礼を申し述べさせていただきたい。本当にありがとうございました。

二〇一〇年六月

著者を代表して　古野庸一

談社学術文庫
・堀田真康（1981）『武田薬品工業　創業二百年を迎えた業界の雄』朝日ソノラマ
・本田宗一郎（2001）『本田宗一郎　夢を力に』日経ビジネス人文庫
・マグレガー，D.（1970）『新版　企業の人間的側面』（高橋達男訳）産能大学出版部
・マズロー，A. H.（1973）『人間性の最高価値』（上田吉一訳）誠信書房
・マズロー，A. H.（1987）『人間性の心理学』（小口忠彦訳）産能大学出版部
・マズロー，A. H.（1998）『完全なる人間』（上田吉一訳）誠信書房
・マズロー，A. H.（2001）『完全なる経営』（金井壽宏監訳/大川修二訳）日本経済新聞社
・町田洋次（2000）『社会起業家』PHP新書
・マッキンタイア，A.（1993）『美徳なき時代』（篠﨑榮訳）みすず書房
・三品和広（2005）『経営は十年にして成らず』東洋経済新報社
・ミンツバーグ，Ｈ.（2006）『MBAが会社を滅ぼす』（池村千秋訳）日経BP社
・茂木友三郎（2007）『キッコーマンのグローバル経営』生産性出版
・柳下公一（2005）『武田「成果主義」の成功法則』日経ビジネス人文庫
・山岸俊男（1998）『信頼の構造』東京大学出版会
・山岸俊男（1999）『安心社会から信頼社会へ』中公新書
・山田昌弘（2004）『希望格差社会』筑摩書房
・横澤利昌編著（2000）『老舗企業の研究－一〇〇年企業に学ぶ伝統と革新』生産性出版
・ライカー，Ｊ.Ｋ.（2004）『ザ・トヨタウェイ上・下』（稲垣公夫訳）　日経BP社
・ライシュ，R.（2008）『暴走する資本主義』（雨宮寛/今井章子訳）東洋経済新報社
・渡辺一雄（1995）『会社は社会の預りもの』ぴいぷる社
・渡邊奈々（2005）『チェンジメーカー』日経BP社
・（1999）『論語』（金谷治訳注）岩波文庫

・武田國男（2007）『落ちこぼれタケダを変える』日経ビジネス人文庫
・千葉望（2000）『よみがえるおっぱい』海拓舎
・塚越寛（2009）『リストラなしの「年輪経営」』光文社
・ドーキンス，R.（1991）『利己的な遺伝子』（日高敏隆／岸由二／羽田節子／垂水雄二訳）紀伊國屋書店
・ドライバー，M. 他（1990）『The Dynamic Decisionmaker: Five Decision Styles for Executive and Business Success』Harper & Row, Ballinger Division
・ドラッカー，P. F.（1993）『ポスト資本主義社会』（上田惇生／佐々木実智男／田代正美訳）ダイヤモンド社
・ドラッカー，P. F.（1994）『すでに起こった未来』（上田惇生／佐々木実智男／林正／田代正美訳）ダイヤモンド社
・ドラッカー，P. F.（1995）『未来への決断』（上田惇生／佐々木実智男／林正／田代正美訳）ダイヤモンド社
・ドラッカー，P. F.（1999）『明日を支配するもの』（上田惇生訳）ダイヤモンド社
・ドラッカー，P. F.（2002）『ネクスト・ソサエティ』（上田惇生訳）ダイヤモンド社
・ドラッカー，P. F.（2008）『ドラッカー名著集13　マネジメント上』（上田惇生訳）ダイヤモンド社
・中村圭介（2006）『成果主義の真実』東洋経済新報社
・日本経済新聞社編（2001）『キヤノン高収益復活の秘密』日本経済新聞社
・野中郁次郎／紺野登（2007）『美徳の経営』NTT出版
・野中郁次郎／嶋口充輝（2007）『経営の美学』日本経済新聞出版社
・野村進（2006）『千年、働いてきました』角川oneテーマ21
・ハート，S. L.（2008）『未来をつくる資本主義』（石原薫訳）英治出版
・ハメル，G.／プラハラード，C. K.（1995）『コア・コンピタンス経営』（一條和生訳）日本経済新聞社
・ハメル，G.／グリーン, B.（2008）『経営の未来』（藤井清美訳）日本経済新聞出版社
・ハルバースタム，J.（2009）『仕事と幸福、そして、人生について』（桜田直美訳）ディスカヴァー・トゥエンティワン
・ピーターズ，T. J.／ウォータマン，R. H.（1983）『エクセレント・カンパニー』（大前研一訳）講談社
・ピンク，D. H.（2006）『ハイ・コンセプト』（大前研一訳）三笠書房
・フェファー，J.／サットン，R. I.（2009）『事実に基づいた経営』（清水勝彦訳）東洋経済新報社
・福山亜紀子『従業員満足度に影響する要因は何か？』リクルートマネジメントソリューションズMessage　Vol.13　2007.10
・フランクル，V. E.（2002）『夜と霧』（池田香代子訳）みすず書房
・古野庸一／リクルートワークス研究所編（2008）『日本型リーダーの研究』日経ビジネス人文庫
・フロリダ，R.（2007）『クリエイティブ・クラスの世紀』（井口典夫訳）ダイヤモンド社
・フロリダ，R.（2008）『クリエイティブ資本論』（井口典夫訳）ダイヤモンド社
・ベル，D.（1976, 1977）『資本主義の文化的矛盾上・中・下』（林雄二郎訳）講

主な参考文献

・アクセルロッド，R.（1998）『つきあい方の科学』（松田裕之訳）ミネルヴァ書房
・アベグレン，J. C.（2004）『新・日本の経営』（山岡洋一訳）日本経済新聞社
・アレント，H.（1994）『人間の条件』（志水速雄訳）ちくま学芸文庫
・伊丹敬之（2000）『経営の未来を見誤るな』日本経済新聞社
・岩井克人（2003）『会社はこれからどうなるのか』平凡社
・岩井克人（2005）『会社はだれのものか』平凡社
・エリクソン，E. H. /エリクソン，J. M.（2001）『ライフサイクル、その完結』（村瀬孝雄/近藤邦夫訳）みすず書房
・オオウチ，W.（1981）『セオリーZ』（徳山二郎監訳）CBS・ソニー出版
・太田肇（1996）『個人尊重の組織論』中公新書
・大久保幸夫編著（2006）『正社員時代の終焉』日経BP社
・小倉昌男（1999）『小倉昌男　経営学』日経BP社
・カウフマン，S.（1999）『自己組織化と進化の論理』（米沢富美子監訳）日本経済新聞社
・金井壽宏（2006）『働くみんなのモチベーション論』NTT出版
・川田弓子『日本企業　持続的成長の条件は何か？』リクルートマネジメントソリューションズMessage　Vol.17　2008.10
・ギルバート，D.（2007）『幸せはいつもちょっと先にある　期待と妄想の心理学』（熊谷淳子訳）早川書房
・グース，A. D.（2002）『企業生命力』（堀出一郎訳）日経BP社
・クーゼス，J. M./ポスナー，B. Z.（1995）『信頼のリーダーシップ』（岩下貢訳）生産性出版
・楠田丘編（2002）『日本型成果主義』生産性出版
・コリンズ，C. J./ポラス，J. I（1995）『ビジョナリーカンパニー』（山岡洋一訳）日経ＢＰ社
・コリンズ，C. J.（2001）『ビジョナリーカンパニー 2 飛躍の法則』（山岡洋一訳）日経BP社
・斎藤智文（2008）『働きがいのある会社』労務行政
・坂本光司（2008）『日本でいちばん大切にしたい会社』あさ出版
・サックス，J.（2009）『地球全体を幸福にする経済学』（野中邦子訳）早川書房
・サロー，L. C.（1996）『資本主義の未来』（山岡洋一/仁平和夫訳）TBSブリタニカ
・ジャコービィ，S. M.（2005）『日本の人事部・アメリカの人事部』（鈴木良始/伊藤健市/堀龍二訳）東洋経済新報社
・鈴木竜太（2002）『組織と個人－キャリアの発達と組織コミットメントの変化』白桃書房
・鈴木竜太（2007）『自律する組織人』生産性出版
・スロウィッキー，J.（2006）『「みんなの意見」は案外正しい』（小髙尚子訳）角川書店
・第一勧銀経営センター編（1979）『家訓』中経出版
・田尾雅夫編著（1997）『「会社人間」の研究』京都大学学術出版会
・田尾雅夫（1998）『会社人間はどこへいく』中公新書

著者紹介

小野 泉（おの いずみ）

株式会社レジリエンス取締役、組織開発コンサルタント。プラウドフット、マーサーにおいて、一部上場企業、地方自治体の組織変革をプロジェクトマネージャーとしてリード。現在は、「レジリエンス」の経営に参画し、中堅・中小企業の成長を目的とした組織開発、事業再生、企業の組織修復を主テーマにコンサルティングを実施。早稲田大学政治経済学部卒。

古野庸一（ふるの よういち）

株式会社リクルートマネジメントソリューションズ　組織行動研究所所長。多摩大学非常勤講師。

1987年東京大学工学部卒業後、株式会社リクルートに入社。南カリフォルニア大学でＭＢＡ取得。

キャリア開発に関する事業開発、ＮＰＯキャリアカウンセリング協会設立に参画する一方で、ワークス研究所にてリーダーシップ開発、キャリア開発研究に従事。2009年4月より現職。

共訳書に『ハイ・フライヤー 次世代リーダーの育成法』（プレジデント社）。共著書に『日本型リーダーの研究』（日本経済新聞出版社）などがある。

講談社現代新書　2061

「いい会社《かいしゃ》」とは何《なに》か

二〇一〇年七月二〇日第一刷発行

著　者　小野《おの》泉《いずみ》・古野《ふるの》庸一《よういち》

発行者　鈴木　哲

発行所　株式会社講談社
東京都文京区音羽二丁目一二—二一　郵便番号一一二—八〇〇一

電　話　出版部　〇三—五三九五—三五二一
販売部　〇三—五三九五—五八一七
業務部　〇三—五三九五—三六一五

装幀者　中島英樹

印刷所　凸版印刷株式会社

製本所　株式会社大進堂

定価はカバーに表示してあります　Printed in Japan

N.D.C. 335　254p　18cm
ISBN978-4-06-288061-9

「講談社現代新書」の刊行にあたって

教養は万人が身をもって養い創造すべきものであって、一部の専門家の占有物として、ただ一方的に人々の手もとに配布され伝達されうるものではありません。

しかし、不幸にしてわが国の現状では、教養の重要な養いとなるべき書物は、ほとんど講壇からの天下りや単なる解説に終始し、知識技術を真剣に希求する青少年・学生・一般民衆の根本的な疑問や興味は、けっして十分に答えられ、解きほぐされ、手引きされることがありません。万人の内奥から発した真正の教養への芽ばえが、こうして放置され、むなしく滅びさる運命にゆだねられているのです。

このことは、中・高校だけで教育をおわる人々の成長をはばんでいるだけでなく、大学に進んだり、インテリと目されたりする人々の精神力の健康さえもむしばみ、わが国の文化の実質をまことに脆弱なものにしています。単なる博識以上の根強い思索力・判断力、および確かな技術にささえられた教養を必要とする日本の将来にとって、これは真剣に憂慮されなければならない事態であるといわなければなりません。

わたしたちの「講談社現代新書」は、この事態の克服を意図して計画されたものです。これによってわたしたちは、講壇からの天下りでもなく、単なる解説書でもない、もっぱら万人の魂に生ずる初発的かつ根本的な問題をとらえ、掘り起こし、手引きし、しかも最新の知識への展望を万人に確立させる書物を、新しく世の中に送り出したいと念願しています。

わたしたちは、創業以来民衆を対象とする啓蒙の仕事に専心してきた講談社にとって、これこそもっともふさわしい課題であり、伝統ある出版社としての義務でもあると考えているのです。

一九六四年四月　野間省一